三聯人文書系

陳平原 主編

睇視之光

劉小楓 著

三聯人文書系
主　　編　陳平原
責任編輯　楊　帆
書籍設計　彭若東

書　　名　睇視之光
著　　者　劉小楓
出　　版　三聯書店（香港）有限公司
香港鰂魚涌英皇道一〇六五號一三〇四室
Joint Publishing (H.K.) Co., Ltd.
Rm. 1304, 1065 King's Road, Quarry Bay, Hong Kong
香港發行　香港聯合書刊物流有限公司
香港新界大埔汀麗路三十六號三字樓
印　　刷　中華商務彩色印刷有限公司
香港新界大埔汀麗路三十六號十四字樓
版　　次　二〇〇八年十一月香港第一版第一次印刷
規　　格　大三十二開（141×210 mm）二六〇面
國際書號　ISBN 978 . 962 . 04 . 2801 . 2

Published in Hong Kong

總序

陳平原

老北大有門課程，專教「學術文」。在設計者心目中，同屬文章，可以是天馬行空的「文藝文」，也可以是步步為營的「學術文」，各有其規矩，也各有其韻味。所有的「滿腹經綸」，一旦落在紙上，就可能或已經是「另一種文章」了。記得章學誠說過：「夫史所載者，事也；事必藉文而傳，故良史莫不工文。」我略加發揮：不僅「良史」，所有治人文學的，大概都應該工於文。

我想像中的人文學，必須是學問中有「人」——喜怒哀樂，感慨情懷，以及特定時刻的個人心境等，都制約着我們對課題的選擇以及研究的推進；另外，學問中還要有「文」——起碼是努力超越世人所理解的「學問」與「文章」之間的巨大鴻溝。胡適曾提及清人崔述讀書從韓柳文入手，最後成為一代學者；而歷史學家錢穆，早年也花了很大功夫學習韓愈文章。有此「童子功」的學者，對歷史資料的解讀會別有會心，更不要說對自己文章的刻意經營了。當然，學問千差萬別，文章更是無一定之規，今人著述，盡可別立新宗，不見得非追韓摹柳不可。

錢穆曾提醒學生余英時：「鄙意論學文字極宜着意修飾。」我相信，此乃老一輩學者的共同追求。不僅思慮「説什麼」，還在斟酌「怎麼説」，故其著書立説，「學問」之外，還有「文章」。當然，這裡所説的「文章」，並非滿紙「落霞秋水」，而是追求佈局合理、筆墨簡潔，論證嚴密；行有餘力，方才不動聲色地來點「高難度動作表演」。

與當今中國學界之極力推崇「專著」不同，我欣賞精彩的單篇論文；就連自家買書，也都更看好篇幅不大的專題文集，而不是疊床架屋的高頭講章。前年撰一《懷念「小書」》的短文，提及「現在的學術書，之所以越寫越厚，有的是專業論述的需要，但很大一部分是因為缺乏必要的剪裁，以眾多陳陳相因的史料或套語來充數」。外行人以為，書寫得那麼厚，必定是下了很大功夫。其實，有時並非功夫深，而是不夠自信，不敢單刀赴會，什麼都來一點，以示全面；如此不分青紅皂白，眉毛鬍子一把抓，才把書弄得那麼臃腫。只是風氣已然形成，身為專家學者，沒有四五十萬字，似乎不好意思出手了。

類似的抱怨，我在好多場合及文章中提及，也招來一些掌聲或譏諷。那天港島聚會，跟香港三聯書店總編輯陳翠玲偶然談起，沒想到她當場拍板，要求我「坐而言，起而行」，替他們主編一套「小而可貴」的叢書。為何對方反應如此神速？原來香港三聯向有出版大師、名家「小作」的傳統，他們現正想為書店創立六十週年再籌畫一套此類叢書，而我竟自己撞到槍口上來了。

記得周作人的《中國新文學的源流》一九三二年出版，也就五萬字左右，錢鍾書對周書有所批評，但還是承認：「這是一本小而可貴的書，正如一切的好書一樣，它不僅給讀者以有系統的事實，而且能引起讀者許多反想。」稱周書「有系統」，實在有點勉強；但要說引起「許多反想」，那倒是真的——時至今日，此書還在被人閱讀、批評、引證。像這樣「小而可貴」、「能引起讀者許多反想」的書，現在越來越少。既然如此，何不嘗試一下？

早年醉心散文，後以民間文學研究著稱的鍾敬文，晚年有一妙語：「我從十二三歲起就亂寫文章，今年快百歲了，寫了一輩子，到現在你問我有幾篇可以算作論文，我看也就是有三五篇，可能就三篇吧。」如此自嘲，是在提醒那些在「量化指標」驅趕下拚命趕工的現代學者，悠着點，慢工方能出細活。我則從另一個角度解讀：或許，對於一個成熟的學者來說，三五篇代表性論文，確能體現其學術上的志趣與風貌；而對於讀者來說，經由十萬字左右的文章，進入某一專業課題，看高手如何「翻雲覆雨」，也是一種樂趣。

與其興師動眾，組一個龐大的編委會，經由一番認真的提名與票選，得到一張左右支絀的「英雄譜」，還不如老老實實承認，這既非學術史，也不是排行榜，只是一個興趣廣泛的讀書人，以他的眼光、趣味與人脈，勾勒出來的「當代中國人文學」的某一側影。若天遂人願，舊雨新知不斷加盟，衣食父母繼續捧場，叢書能延續較長一段時間，我相信，這一「圖景」會日漸完善的。

最後，有三點技術性的說明：第一，作者不限東西南北，只求以漢語寫作；第二，學科不論古今中外，目前僅限於人文學；第三，不敢有年齡歧視，但以中年為主——考慮到中國大陸的歷史原因，選擇改革開放後進入大學或研究院者。這三點，也是為了配合出版機構的宏願。

二〇〇八年五月二日
於香港中文大學客舍

月升於堂，匪月之精光，睇視之光。

——龔自珍《琴歌·二解》

目錄

寓意敍事中的宗教之戰（代自序）

讀完谷裕博士的《隱匿的神學：啟蒙前後的德語文學》（上海：華東師範大學出版社二〇〇八），我才真切體會到，自己在學習德語文學的途中走過多長彎路。

三十年前考大學時，我填報的專業志願是「法國語言文學」——當時想，既然有可能讀大學，就得好好珍惜機會，學習不太有條件自學的小語種。但德語也是小語種，為什麼沒報德語專業？

那個時候，當聽說可以考大學，簡直做夢都不敢相信——如今我們把「文革」結束的時間標誌定在一九七六年，其實，至少在七七年底突然宣佈恢復高考之前，我自己的生活感覺仍然是「文革」式的。這年秋天，我從下鄉插隊的川東深山回到城裡，在重慶市立圖書館當職員，工作是每天給進館的每本新書端端正正蓋上館藏章。以前聽人說，在圖書館工作可以讀書，這時才知道，完全是瞎說——每天得給上百本書蓋章，完全是計量勞動，哪有時間看書……直到七八年春天，這個市立圖書館的圖書搬運工仍然是兩位所謂「歷史反革命」——較年輕的一位留學過蘇聯，年長的一位已經六十出頭，早年留學法國，獲得法學博士學位。儘管我非常崇拜他，想跟他學法文，卻不能拜這位王姓老先生為師，否則就成了與……勾結。

話說回來，一九七六年確實是個歷史「時刻」，因為那個時候，我們一幫同齡朋友開始狂熱地讀西方的古典小說。我讀過的小說中，法國小說家給我的印象最深：雨果、梅里美、司湯達、喬治桑、莫泊桑（李青崖譯本）、巴爾扎克、羅曼羅蘭……德語文學家僅讀過歌德和海涅，都喜歡不上，於是以為德國只有哲學，沒什麼文學家，尤其小說不行。由於想學寫小說，我想當然地以為，應該學法文，因此填報了法語專業。

恢復高考的喜訊突然降臨，幾乎沒怎麼好好準備，就匆匆上了考場，結果成績平平，雖上了錄取線，但外語學院的法語專業被成績考得好的考生佔滿了——當年應屆畢業的高中生投入高考，當然比咱們有優勢，幸運的是，德語專業沒招滿，我被調配到德語專業。

在外語學院讀書，我——不僅我——還有我們一幫同學都非常仰慕在大學的外語系讀書的同行，比如北京大學的德語專業、南京大學的德語專業、武漢大學的德語專業等等，因為，大學裡的外語系以修「語言文學」為業，我們的專業則僅僅修「語言」，自覺低人家一大截：畢竟，據說人家除了學語言，還要（甚至主要）學文學——讀原文的小說、詩歌、戲劇，多幸福的事！我們這些專業外語學院的，不過僅僅學會說外國話，學得再好至多不過嘴皮子快，對了悟人生和善於言辭都不會有任何長進。

文學作品才養人，大學不是技術學校，如果僅僅為了學說外國話，兩年時間也就可以了——三、四年級學什麼呢？外報閱讀、科技德語、商務會話……這些還需要花時間在大學裡學？想想看，倘若你在中文系學的不過是晚報閱讀、科技漢語、商務會話……那成了什麼鬼大學生？

儘管是專業外語學院，七十年代的我們——不僅我們這些學生，還有我們的老師都熱愛文學，沒有德語文學教材，我們的老師自己選編德語文學讀本，全是古典文學……於是，我才知道，德國除了歌德和海涅，還有萊辛、諾瓦利斯、克萊斯特……於是，我才知道，過去我以為德語文學家除了歌德和海涅沒別人，不過是因為，相對從事法語、英語、俄語古典文學翻譯的前輩來說，中國從事德語古典文學翻譯的前輩要少得多——於是，我切身感到，前輩的翻譯對我們年輕一代的學習興趣取向的影響真不可小視。

剛上三年級時，**袁可嘉**、**董衡巽**、**鄭克魯**三位先生主編的四卷八冊《外國現代派作品選》的第一卷面世（上海：上海文藝出版社一九八〇，初版五萬冊；第二卷一九八一年初版，四萬冊），如今的大學生沒法感受甚至理解當時我們這些在校生所感受到的震撼——要知道，對於還沒有徹底脱離「文革」感覺的我們來説，西方現代派文學作品是絕對腐敗、甚至反動的東西，那個時候，研究現代派文學甚至會惹上沒必要的麻煩——《外國現代派作品選》第三卷出版時（一九八四），已經改為「內部發行」，印數限制在兩萬冊。

禁忌的東西反而容易對我們這些年輕人產生很大吸引力——那個時候，正因為現代派作品是禁忌，我們便不假思索地熱愛這些東西……就這樣，本來我們的德語文學界正準備好好做一番德語古典文學的研究和翻譯，結果，二十多年過去了，這個領域幾乎依然荒蕪，至少沒太大長進，仍然是歌德……海涅……

西方現代派的文學感覺是怎麼來的？現代派作品讀多了，除了心情越來越差，難免會生發出這樣的問題——如果回溯上去，啟蒙運動就是一個再怎麼強調也不為過的重大歷史時刻。就在《外國現代派作品選》陸續出版（卷四於一九八五年面世）的那些日子，我們在校園裡聽見了「新啟蒙」的呼喚——如今的在校生同樣很難理解，發出如此呼喚需要很大勇氣。可是我覺得，什麼是「啟蒙」我們都還沒有搞清楚，搞「新」的啟蒙難免稀裡糊塗。所以，那個時候，我寧可讓自己多關注十九世紀以來的反啟蒙文學。

因此，當讀到《隱匿的神學》這本書稿時，我自己的心情非常複雜，各種感覺交織在一起。書稿第一部分扼要分析了啟蒙運動前後德語文學的「文化語境」，但書稿的重點甚至學問功夫的重點在第二部分：解讀六位德語古典作家的要著……坦白說，其中四位作家我都不熟悉：**莫里茨**的德文原版書買過卻沒讀過，**馮塔納**的小說讀過但沒讀出名堂，**瓦肯羅德**和**伊默曼**的文集則從來沒聽說過。要是我上大學時就能讀到這樣的書——甚至如果有幸的話，還能在課堂上聽到老師帶讀德文原著，用中文講解，那該多好（千萬別像如今那樣，要求我們的老師用德語講解，那樣的話，聽的和講的都肯定稀裡糊塗）！

心情複雜的原因還有宗教問題：在我的感覺中，啟蒙文化的矛頭針對的是基督教，但啟蒙後的文學又大多帶有基督教色彩……我搞不懂，要是那個時候能讀到這本書，我相信自己會少幾年困惑，因為，這本書的研究重點在基督教與文學的關係，尤其德國的新教與文學的關係。我由此瞭解到，所謂基督教文化在西方其實差別不小，不瞭解基督教的教派特色與近現代文化的複雜關係，恐怕很難深入瞭解近現代歐洲文學的嬗變細節。近十餘年來，中國學界的宗教研究雖然有了很大長進，但仍然受到學科劃分的局限：宗教專業在哲學系，文學研究則是中文系（如果幸運的話還有外語系）的事情，要把兩個專業結合起來做研究，開題報告就很可能會受到質疑：你究竟做的是宗教研究還是文學研究？德國有個叫**波默**（Jakob Böhme, 1575-1624）的思想家很有名，這位所謂「神秘派」大師對德語思想和文學的影響據說相當深遠，但他寫的東西很難按我們如今的專業劃分來分類，西方哲學專業說他屬於宗教專業，宗教專業說他屬於文學專業，文學專業說他屬於哲學專業，結果是沒有哪個專業研究波默……北大畢竟是北大，谷裕博士的這項研究竟然還能立項，要不就是審題者一時走了神。

迄今我仍然沒有搞清楚西方的啟蒙運動究竟怎麼回事，即便從文學角度來看也如此。

幾年前，有位眼尖的德國學者注意到，施特勞斯有篇講稿題為「啟示與理性」，其中有個不起眼的注釋，把海德格爾的《存在與時間》五十七節與十九世紀瑞士德語作家麥耶的中篇小説《對佩斯卡拉的誘惑》相提並論；通過對這個注釋的識讀，這位德國學者凸顯了啟蒙的根本問題：哲學與宗教的關係（參見邁爾，《古今之爭中的核心問題》，北京：華夏出版社二〇〇四，頁二三九—二四六）——讓我驚異的是，竟然連德語文學史也不大提到的敍事作品，也受到關注啟蒙問題的思想大家施特勞斯的關注！這種關注意味着什麼呢……無論如何，這部《隱匿的神學》研究的恰恰是文學、尤其小説，從而讓我有機會進一步細察啟蒙文化的**歷史遺留問題**。

小説創作為什麼偏偏在西方十八、十九世紀的啟蒙後時代突然一下子多起來？這與啟蒙運動帶來的震撼究竟有什麼關係？通過閱讀當時的寓意敍事、尤其小説，我能夠得到的東西的確更為切實。當然，理解敍事作品恰恰很難，因為，寓意敍事在西方源遠流長，好些歷史上的大哲人也慣用小説形式搞精神鬥爭，因此，倘若啟蒙之後有誰用寓意敍事來反**啟示宗教**，絕非一大發明，而是傳承古希臘的偉大風範（荷馬—柏拉圖）——至少啟蒙後的德語小説創作直接受到過柏拉圖作品的影響。説到底，讀谷裕博士這本書，感覺複雜的原因更在於：掩卷之餘忍不住要想，啟蒙後的德語文學中是否爆發過一場基督教與異教的精神戰爭……有人通過寫小說站在異教立場反基督教，有人通過寫小說支持基督教反異教，精神之戰打得驚心動魄？

感謝谷裕博士非常用心地解讀作品，即便在如今的大學裡，據說連德語語言文學專業裡也沒有多少學生有熱情讀古典作品（有熱情教古典文學的教師同樣的少），畢竟還有我們這些七十年代的熱心讀者。當然，從這本書中我學到的東西和我仍然感到困惑的東西一樣多，但無論學到的還是仍然困惑的，畢竟都事關一個老問題：啟蒙究竟怎麼回事，在啟蒙後的語境中是否能夠透徹理解啟蒙……畢竟，如今的大學狀況正是啟蒙的直接成果。

二〇〇八年三月十五日

德意志神秘派小識

二十世紀八十年代中期，從學界高層人士那裡我輾轉得到一條消息：有個叫做**鈴木大拙**的日本學者的書頗值得一讀。我趕緊到圖書館把鈴木的書都找來看，結果大失所望——唯一覺得稀奇的是，鈴木把禪宗智慧與**德意志神秘派**（Deutsche Mystik）扯在一起，說禪宗講的「空」就是德意志神秘派大師**埃克哈特**（Meister Eckhart）所講的「無」。

「空」與「無」怎麼會是一回事情？我搞不懂。

這事讓我想了好多年。先是設法找埃克哈特的書來讀，於是找到了他的 *Deutsche Predigten und Traktate*（德語佈道文和論文），並嘗試翻譯其中的篇章——為了搞清楚「無」是不是「空」，首先挑了一篇題為「論自我認識」的佈道文來譯（刊於《德國哲學》第一輯〔一九八七〕），譯出後覺得不大對勁；接下來又試譯出「論隱遁」……越來越覺得不對勁……

當時我剛剛開始摸索德語文學史和思想史的門徑，**埃克哈特大師在德語文教史上名氣**一直很旺，早有所聞——不過就是所謂德意志神秘派的鼻祖嘛。還聽說，由於埃克哈特的思想被教宗定了「異端」罪，他的書長期被埋沒，直到十九世紀才突然轉「紅」——這倒不難理解，「啟蒙運動」以後，從前的「異端」當然就成了「歷史英雄」。【二】不大好理解的是，一個十四世紀的德意志人何以會對現代思想尤其二十世紀的形而上學王**海德格爾**

這樣的人影響非常之大。【二】這個問題我也長期不得旨歸。至於德意志神秘派與禪宗佛教是否一回事，我其實並沒有什麼所謂。

最大的好奇或困惑還是埃克哈特當年惹上的「異端」罪名——為什麼如此虔敬的基督徒學士會被判為異端？這件事情最費思量。

一二六〇年，埃克哈特出生在德意志的Thüringen地區一個名叫Hochheim的村——當地有兩個村叫這個名字，史家沒法確定他究竟出生在哪個Hochheim村。十五歲那年，埃克哈特到Erfurt進多明我會當了修士。幾年後，修會主持派他去科隆，在經院大師湯瑪斯·阿奎那的老師大阿爾伯特（Albert dem Grossen）於一二四八年創建的大學接受studium generale（通識教育）——大阿爾伯特是一二八〇年十一月（又說十二月）歸主的，因

【一】關於德意志神秘派的研究導引，依筆者所見，Louis Cognet的*Introduction aux mystiques théno-flamands*（Paris, 1968，德譯：*Gottes Geburt in der Seele-Einführung die die Duetsche Mystik*, Freiburg, 1980）最簡明扼要，筆者當年全靠這本書得知德意志神秘派的一些知識；詳細的研究可推舉W. Preger的*Geschichte der deutschen Mystik im Mittelalter*（三卷，Aalen, 1962）和Louis Cognet的*Histoire de la Spiritualité Chrétienne*（三卷，Paris, 1966）。

【二】參見John D. Caputo的*The mystical element in Heidegger's Thought*（Fordham Uni. Press, 1986），該書還提供了英語學界研究埃克哈特的文獻。

此，史家推測，埃克哈特很可能見過這位大師。無論見過還是沒見過，總之，埃克哈特是在這位大師所創建的大學受的本科教育。大阿爾伯特在西方邏輯學史上也赫赫有名，想必埃克哈特所修煉到的從亞理士多德到大阿爾伯特一類經院大師們的邏輯學功夫可不是一般。大阿爾伯特本是注疏大師，他給Peter Lombardus的 *Sentenzen*（《論句集》）作的注疏很有名，而埃克哈特在去巴黎大學唸博士之前，已經掌握了講疏Peter Lombardus的 *Sentenzen* 的本領，並於一二九三年開始在巴黎附近的一所修院講解《論句集》，可見埃克哈特與大阿爾伯特確有師承淵源。

一三〇〇年，埃克哈特到巴黎大學深造，兩年後取得了神學的Magister學位。

說到大學，我們切莫與如今的大學聯繫起來，以為那時的大學像我們的大學那樣，動輒好幾萬學生。當時的大學其實與神學院或者說經院學院差不多——更確切地說，大學是教會的教團辦的鑽研學問的封閉場所，並不開門辦學，面向如今所謂的「社會」招收學生（遑論想方設法開辦文憑班盈利）。實際上，即便要招收學生也招收不來，因為，當時還沒有普及初等教育這回事情，而一般人也沒有唸書識字的願望——誰要是真有唸書的強烈願望，倒並非沒有讀書機會，只要進修會當修士，在經院牆內做個與眾人有區隔的隱修者就可以了……比如說司各脫（Duns Scotus）就發覺自己太喜歡唸書，於是也在十五歲那年

（一二八〇）進了修會，後來成就為著名的「精微博士」……

在路德惹出新教運動之前，西方的基督宗教經過長期的歷史錘煉已經形成了一套**穩妥的制度結構**——用**庫薩·尼古拉**（Nikolaus von Kues）的說法，這個制度結構叫做 **complexio oppositorum**（對立綜合體）。【二】所謂「對立綜合體」有多種含義，比如，從教會制度的縱向層面來講，乃是**神職人員**（神父、主教）與**普通信眾**（所謂「平信徒」）的綜合體；從教會制度的橫向層面來講，乃是**教團**（各種相對自立—自律的隱修會）與教區的對立綜合：教團吸納、培養各種**有特殊天性趨向**（比如喜歡唸書、想奇奇怪怪的玄學問題）的人才，教區則養牧普通信眾。大學由教團主持，不向也沒有必要向教區開放——比如說，到教區去辦什麼「亞理士多德講習班」一類，以免擾亂教區平信徒的**虔敬生活**。平信徒中若有誰喜歡向學，當然可以轉入教團：先接受「通識教育」，然後唸碩士—博士課程，然後離平信徒的日常生活越來越遠……反過來說，誰要是覺得在學院牆內待久了很

【二】 對這個制度結構最精妙、明晰的現代闡釋，當推施米特的《羅馬天主教與政治形式》，見施米特，《政治的概念》，劉小楓編，劉宗坤等譯，上海：上海人民出版社二〇〇四，頁四七尤其頁五一以下。

煩悶，終於發現自己的天性不是整天問「天」那號人，隨時可以走出修院，回到教區一邊過平常日子。

說得學究一些，complexio oppositorum就是哲學與律法的「對立綜合」。

這麼說來，平信徒就不需要教育了？不是的。通過教士講解《聖經》，平信徒一直在受宗教教育——不同於隱修士所受的經院教育，當然，隱修士在進入經院之前，從小就要接受《聖經》的教育（傳統的普及教育）。

埃克哈特天性好思辨，因而走上了問「天」的學問之路。獲得學位後，埃克哈特升任多明我會的省區會長。一三一一年，埃克哈特作為神學教授第三次前往巴黎。這一次很可能是他自己提請多明我會派他去的，目的似乎是想在巴黎大學取得一個教席，與比他僅小五歲的蘇格蘭來的修士司各脫一爭短長——當時，在巴黎大學的教士學人圈內，司各脫的思辨因其批判矛頭指向湯瑪斯·阿奎那而正頗受重視。不清楚什麼原因，埃克哈特最終沒能在巴黎當上教授，一三一四年四月間，修會安排他在斯特拉斯堡當上了magister et professor theologiae（神學教授）。

必須始終記住，當時的大學實實在在是個非常小的圈子——在斯特拉斯堡十年期間，埃克哈特繼續從事自己的神學問道（包括《聖經》書卷注疏），在經院學方面鑽得很深——與此同時，埃克哈特開始在自己所屬的修會以外的場合用當時還是俗語的德語講道（尤其是在一些女性慕道者群體中間講道），並逐漸在自己周圍形成了親密的學生圈子，包括一些非常虔敬的修女（比如一個名叫Katrei的修女，後來很有名）——這些講道就是後來引發「異端」禍事的根子。

一三二四年，埃克哈特被修會派往科隆，在那裡，他雖仍然當教授，繼續從事神學——哲學研究，甚至打算寫個三部曲式的大著（*Opus tripartitum*），把自己的學問統起來，當然也一如既往地經常講道——然而，就在第二年（一三二六），科隆教區的大主教對埃克哈特的講道提起「異端」指控（事情的具體經過如今已不可考），埃克哈特不得不上宗教法庭為自己辯護。官司來來回回多次，直到一三二九年才有了個結論：教皇（約翰二十二世，Pope John XXII）發出訓諭《在主的耕地中》（*In Agro Dominico*），譴責埃克哈特的有些講道內容為「異端」。不過，在終審判決下來之前，埃克哈特已經歸主——延續多年的起訴和抗辯過程，倒使得埃克哈特的大量講道更為廣泛地流傳。總而言之，對埃克哈特本人來說，「異端」案其實並沒有給他個人帶來什麼損失。

按我們的「政治正確」習慣，只要是教皇發出的「異端」譴責，就是教皇的錯——壓制思想自由嘛，還有什麼好說哩。儘管這是毋庸置疑的，我們還是可以不妨從古人的角度

「歷史地」來看看事情是否還會有另一面。

教皇在訓諭中列舉了埃克哈特的二十八條說法加以譴責，指出這些說法有的明顯為「異端」（十七條），有的則至少涉嫌「異端」（十一條）。可是，什麼叫做「異端」？這會兒不必去查找百科全書，從「訓諭」開始的一段說明，就可以看到「異端」是如何被定性的——下面兩句話頗為關鍵：

他（埃克哈特）逾越出他應該知道的範圍而想要知道得更多，但又絲毫沒有做到謹慎行事，沒有去遵循信仰之準繩……他講了大量的誨人之言，但是，在他主要是對普通百姓所作的講道和他寫下的那些論說中，卻使得受此影響的這許多人的心靈中的信仰變得淡薄了。（《教皇約翰二十二世訓諭》）【一】

其實，在經院牆內，「逾越出他應該知道的範圍而想要知道得更多」的事情，並非絕無僅有，毋寧說，經院（當時的大學）恰恰就是「逾越出他應該知道的範圍而想要知道得更多」的地方——誰知道那些個神學教授們在藉助亞理士多德的形而上學和「工具論」來經解《聖經》時「逾越出他應該知道的範圍」有多遠呢？教皇並沒有不准開辦大學，某種意義上也就許可有的人在特定的範圍內可以「逾越出他應該知道的範圍而想要知道得更多」。「訓諭」重點譴責的是，埃克哈特「絲毫沒有做到謹慎行事」，把應該關起門來想和說的東西，拿到外面去對普通百姓講，這才是要不得的事情，是「異端」——「異端」事案由教區主教提起，無異於教區狀告教團，從而是神學與律法的衝突。

埃克哈特在「大學」裡想的是什麼呢？

埃克哈特問學的時期，基於亞理士多德的形而上學和「工具論」的經院神學非常發達，湯瑪斯．阿奎那的學說乃是其系統且完美的體現。我們都聽說過，湯瑪斯．阿奎那學說的特徵是所謂的「理智主義」，這種理智論與所謂「層級論」（Hierarchie—ἱεραρχίας）相表裡，也就是說，要達到對上帝的認識，必須經過好些不同的階段，這些階段與不同的等級次序相應，層級（等級）的高低次序環環相扣，但這個次序本身不可逾越，更不能拆毀——因為，高一級的次序並不包含低一級次序中的東西，兩者的關係僅能靠「類比」來連接。從學問上講，接近對上帝的認識的道路，由不同階段的學科來構成——邏輯學—自

【一】 轉引自《埃克哈特大師文集》，榮震華譯，北京：商務印書館二〇〇三，頁五二二—五二三。

然哲學—自然神學—道德哲學【一】——用我們熟悉的話來說，叫做「格物致知」。

埃克哈特大概是覺得，這樣的通向認識上帝的**層級道路**過於繁瑣，至少把事關上帝的學問搞得太難懂，說不定還會把本來好端端的靈魂搞壞。於是，與如此「格物致知」的認識上帝之路不同，埃克哈特提出了「直指心性（靈魂）」的認識上帝之路。與此相應，湯瑪斯·阿奎那的神學依傍的是亞理士多德形而上學，埃克哈特則依傍**柏拉圖主義**——什麼叫「柏拉圖主義」？說得簡明些：「柏拉圖主義」乃是一種基於所謂柏拉圖的「靈魂學說」的**宗教性形而上學**（憑靠的經典文本是柏拉圖的《蒂邁歐》）——「靈魂」並非僅指個體的心性，也涉宇宙論（宇宙也有靈魂，而且在先，個體靈魂不過是宇宙靈魂的影像）。【二】

難道基督教神學憑靠亞理士多德就是「正統」，憑靠柏拉圖就成了「異端」？根本沒有這回事情。對於基督教來講，亞理士多德與柏拉圖同屬「異教」大師，依傍哪一個都不觸犯神學的律法，只要信仰端正，懂得「謹慎行事」。

柏拉圖主義發端於**普洛丁**（Plotinus—*Πλωτῖνος*），基督教的早期希臘教父們好些憑靠這種「主義」來建立基督教教義，後來又有經解大師**普若克洛斯**（Proclus—*Πρόκλος*，他寫過《神學的諸要素》、《柏拉圖的神學》、《蒂邁歐義疏》（四卷）、《王制義疏》、《帕門尼德義疏》等等，這人是個大才，還寫禱歌、天象術）——眾所周知，被教會視為權威的**奧古斯丁**也是個柏拉圖主義分子。因此，埃克哈特被視為「異端」，決不可能是因為他依傍柏拉圖來想問題。事實上，即便亞理士多德形而上學在經院學中佔據支配地位的時期，柏拉圖主義作為「秘宗」一直深藏在經院學的密室中發揮着自己的作用——**湯瑪斯·阿奎那**的老師（說是埃克哈特的老師也可以）大阿爾伯特就深諳柏拉圖主義傳統，還親手作過屬於這個傳統的經書的**託名狄俄尼索斯**（Pseudo—Dionysius）著作的注疏（歸在託名狄俄尼索斯名下的著作有四種，有的僅書名聽起來就讓人驚駭，什麼*Περὶ τῆς οὐρανίας ἱεραρχίας*〔論天的層級次序〕、*Περὶ θείων ὀνομάτων*〔論神的名稱〕*Περὶ μυστικῆς θεολογίας*〔論秘說的神論〕，難怪作者要用假名）。

不清楚歷史上的情形是不是這樣：亞理士多德主義和柏拉圖主義分別是中古基督教神學的**顯宗和秘宗**。至少，柏拉圖主義不可對學問修煉段數較低的學士傳授，遑論向普通信

【一】參見吉爾比，《經院辯證法》，王路譯，上海：三聯書店二〇〇〇，頁五注。

【二】參見Otto Langer, *Christliche Mystik im Mittelalter Mystik und Rationalisierung-Stationen eines Konflikts, Darmstadt*, 2004。

眾傳授。

為什麼有的學問不能向普通學子（遑論一般民眾）傳授，這個問題如今我們已經很難搞懂。比較清楚的僅是，古代（無論中西）的高士明顯都顧及到這個問題，一定有自己的深思遠慮【一】——即便非常貼近民性的基督教中的高士，也非常懂得個中道理，比如說，亞歷山大城著名的基督徒柏拉圖主義者克雷芒。【二】

由此來看，教皇「訓諭」譴責埃克哈特「絲毫沒有做到謹慎行事」，把應該關起門來想和說的東西拿到外面去對百姓講，從而把他定為「異端」來譴責，其實與所謂壓制思想自由不相干，毋寧說是在恪守一種古老傳統（「做到謹慎行事」本來就是柏拉圖的「說法」，參見《歐蒂德莫》三〇四a-b。對於憑靠才智破壞律法者，我們儒家的規矩其實更嚴厲，《禮記．王制》：「析言破律，亂名改作，執左道以亂政者，殺」；亦參《荀子．宥坐》）。

埃克哈特的學究論著大都是用當時的學術語言（拉丁文言）寫成的，只有圈內人（大學內的修士）能讀——這類人在當時極少，按今天的感覺來講，簡直就可以說幾乎沒有什麼人讀。從量上來講，埃克哈特的拉丁語著述其實相當可觀（也許還有失佚的，雖然失佚部分可能並非要著），而且堪稱經院學的精品（據說帶有西塞羅的修辭風采），相當學究化、經院化，有很強的專業技術性（在思辨方面與司各脫的思辨多有糾葛）——唸好亞理士多德當然是基礎的基礎，即便如今唸形而上學專業的人，也要花費相當的時間和心智才會摸得到門徑（老實說，如今我連其中的著作篇名都看不懂，比如最重要的：*Tractatus super Oratione, Dominica Principium, Collatio in Libros Sententiarum*）。

這些拉丁文言著述完全由埃克哈特本人親自編定，是經過他自己之手的思想文字表達。因而，他可以對這些艱深的文字負完全的責任，雖然直到今天，研讀過埃克哈特的拉丁語著述的人，恐怕還數不出幾個來（即便要譯作現代西方語文，專家們認為也是一件艱難活）。教宗的「訓諭」下達後，埃克哈特的拉丁語著作當然也在禁書之列，不過，這絕非埃克哈特的拉丁語著作無人問津的原因，因為，其他沒有遭禁的經院大師們的論著，同

【一】愷撒，《高盧戰記》6.14：「不想讓學問傳播到民眾中去。」楊雄，《法言．問神》：「或問：聖人之經不可使易知與？曰：不可。天俄而可度，則其覆物也淺矣，地俄而可測，則其載物也薄矣。」司馬遷，《天官書》：「幽厲以往，尚矣。所見天變，皆國殊窟穴，家占物怪，以合時應，其文圖籍禨祥不法。是以孔子論六經，紀異而說不書。至天道命，不傳；傳其人，不待告；告非其人，雖言不著。」

【二】參見利拉，《亞歷山大的克雷芒》，范明生譯，北京：華夏出版社二〇〇四，頁一五一以下。

樣沒有什麼人問津——這些拉丁文言著述實在太艱深了。

埃克哈特親自編訂的拉丁語著作稿本的抄件今存四種，一種是樞機主教尼古拉．庫薩在一四四四年所編的一個本子的殘段，今存埃克哈特老家，另外三種分別保存在Trier, Erfurt, Basel三地大學的圖書館。一八八六年，多明我會士Heinrich Suso Denifle編輯出版了第一本埃克哈特的拉丁文言著述集；一九三四——一九三六年間，一個保存多明我會士遺產的機構（patronat der Dominikaner des Institus S. Sabina zu Rom）着手主持編輯考訂版的埃克哈特拉丁文言著述集，擬出三卷。一九三六年，埃克哈特著作的所謂「大斯圖加特版」（die grosse Stuttgarter Ausgabe）【二】開始出版，這個編輯計劃便放棄了。

為什麼埃克哈特的影響又那麼大呢？

埃克哈特所產生的影響幾乎完全靠他的講道文——十九世紀，德語知識界突然重新發現了埃克哈特的諸多講道文的魅力。可是，這些講道文好多並非埃克哈特大師親筆寫下的，而是當時的聽者（或者學生）的記錄，用的語言是當時的俗語德語（晚期高地德語）。由於是筆錄，埃克哈特的德語講道文有好些抄件，同一題目的抄件相互差別有的時候很大，真偽混雜在所難免，據說迄今還不敢說已經把埃克哈特的講道文編盡了——可想而知，考訂、編輯德語講道文同樣是一件困難的工作。

埃克哈特的德語講道文顯然是給他惹來「異端」麻煩的主要原因，但這個原因並非在於**口說與書寫**的差別，而在於埃克哈特講道的內容及其所針對的受眾，因為，惹來「異端」麻煩的直接導火線是埃克哈特大約在一三一八年間用德語寫的講道文集*Liber Benedictus*（《讚美上帝集》）。講道是教士的職分，除非因為內容，不會有僅僅因為口頭講道惹上「異端」麻煩的。本來，埃克哈特完全可以用兩種語言——從而在兩種不同的範圍表達自己的思想，可是，無論在筆寫還是口說的講道中，埃克哈特向普通信眾傳達了自己的柏拉圖主義式的思辨（尤其是他用德語寫的少量Traktate〔論文〕），從而把向來「秘

【一】「大斯圖加特版」指「德意志研究協會」主持和委託學者編輯的考訂版埃克哈特全集：*Meister Eckhart, Die deutsche und ladeinischen Werke, herausgegeben im Auftrage der Deutschen Forschungsgemeinschaft*，一九三六年起由Stuttgart的Kohlhammer出版社陸續出版，分德語著作集（Die deutsche Werke, Josef Quint編，五卷，縮寫DW）和拉丁語著作集（Die Lateinische Werke, Ernst Benz等六人編，擬五卷，縮寫LW，有德譯、法譯，英譯僅有一些片段）。雖然有多人參與，拉丁語著作集的編輯進展仍非常緩慢，據Louis Cognet記載，三十年過去了還沒有出齊，可見難度之大。

傳」的東西公開了——宗教形而上學開始進入民間。【一】

埃克哈特的德語講道文在語言上有很大吸引力，非常迷人（於是，人們認識的僅僅是講道中的埃克哈特），講道文的內容實際並不容易理解，可以説懂的人並不比懂其拉丁語著述的人多多少。原因很簡單，埃克哈特畢竟是經院學士，講道文雖然用的是老百姓的語言，所講內容卻浸透了艱深的宗教形而上學（將講道文譯成現代德語同樣是件艱難事）。【二】從德語發展史來看，埃克哈特的德語講道文不用説具有相當高的文獻價值，因為，這畢竟是在用一種很「草根」的語言傳達高妙的宗教形而上學「奧秘」（路德用德語口語翻譯的《聖經》並沒有形而上學）——對埃克哈特的如此文字，德語的古典語文學家特別珍惜和入迷，完全可以理解；像海德格爾這樣的大哲對如此原生的德意志形而上學經驗文字特別珍惜和入迷，同樣可以理解。

後來的「啟蒙運動」所做的一件大事就是，把形而上學的「奧秘」拿到民眾中間去傳講——用形而上學來開啟普通信眾的心智。由此來看，埃克哈特無意中做了最早的啟蒙分子。過去，我以為，「啟蒙」就是讓人們的心智祛除蒙昧，變得蠻有理性。現在看來，這樣的理解恐怕有些問題——什麼叫「啟蒙」，也許還得重新來想想。從埃克哈特的「異端」事案來看，所謂「啟蒙」，原來是因為一些教士「絲毫沒有做到謹慎行事」惹出來的。

可是，為什麼要「做到謹慎行事」？把宗教形而上學講給普通民眾聽，讓他們明白，又有什麼不好？——這樣的問題不僅我想不通，埃克哈特的學生比如說**蘇索**（Heinrich Seuse）當年也想不通。

在後世，埃克哈特有兩個學生青史留名，一個是**陶勒**（Johannes Tauler），一個就

【一】 比如一篇題為 *Von abegescheidenheit*（*Von Abgeschiedenheit*）的 Traktate（論文），這篇作品的抄件多達三十種，一度曾被認為是出自Nikolaus von Flüe的作品，現已證實為埃克哈特的晚期作品，表達了其極為冷峻的思辨，與 *Von dem edeln menschen* （《論貴人》）一文同屬德意志形而上學的原始經典文獻——據說，要探知海德格爾的新形而上學的底蘊，這兩篇作品都非常重要。

【二】 據說，「大斯圖加特版」的德語講道文質量很高，但過於專業化，一般人士用不起也用不了。其他的德語編本不少，但品質難講。德語講道集最早的權威譯本為H. Büttner編輯，德譯的 *Meister Eckharts Schriften und Predigten* （兩卷，Jena 1903），這個版本長期多次再版；然後有F. Schulze-Maizier編輯，德譯的 *Deutsche Predigten und Traktate* （Leipzig 1927）；如今的權威譯本為Josep Quint編輯，德譯的 *Deutsche Predigten und Traktate* （München 1955），迄今不斷重印。英譯可參Edmund College & Bernard McGinn編，*The Essential Sermons, Commentaries, Treatises and Defense*, London 1981; Reiner Schürmann英譯，注疏，*Wandering Joy: Meister Eckhart's Mystical Philosophy*, Lindisfarne Books 2001（僅八篇講道文，但義疏頗詳）。

是蘇索（兩人是同學）。在所謂德意志神秘派學士中，唯有蘇索留下了比較可靠的生平材料——在很可能是他自己臨逝前編訂的著作 *Exemplar*（《範本》，取這個書名的寓意是：上帝乃人的靈魂的「範本」，令人想到柏拉圖主義……）中，擺在最前面的就是一篇自傳性的「生平」（Vita）。

陶勒留下了大量講道文，【一】蘇索刻意留下的卻是一部用晚期高地德語寫作的書——用俗語寫作的意識，比老師還要自覺！為什麼蘇索要寫這本書？因為他想不通自己的老師被判為「異端」——如此師生關係，看起來就像柏拉圖與蘇格拉底的關係（當然，由於蘇格拉底沒有「主義」，柏拉圖也就不會是一個「柏拉圖主義」的創始人）。

《範本》（抄件全保存下來）含四篇作品：《生平》、《永恒的智慧篇章》、《論真理》、《書信小劄》（以別於單獨的含二十七封書信的大劄〔Das große Briefbuch〕，有一半抄件尚存）。【二】《論真理》是篇論文，明顯涉及埃克哈特的「異端」事案，被斷定作於一三二七—一三三〇年之間；《永恒的智慧篇章》仍然涉及老師的「異端」事案，但成書比較晚些（據考據可能寫於一三三四—一三四〇年之間），而且，晚近的語文學研究表明，其主要部分很可能是先用拉丁文言寫成，然後改寫（翻譯）成德語俗語的。

蘇索留下的唯一拉丁語著述是 *Horologium Sapientiae*（《智慧的時鐘》），

Horologium（一天二十四小時的流程）可能暗示書本是按二十四章來構思的，也可能暗示一個人一生的生命時間——柏拉圖的作品已經用過一天喻一生的寓意手法。由於這本書是獻給教團的主師傅Hugo von Vaucemain（一三三三年被選為主師傅）的，因而寫作時間被斷定在一三三四—一三三七年之間。《永恒的智慧篇章》的內容與《智慧的時鐘》有重複的地方，而且《智慧的時鐘》顯得要早些，因此，文獻家推測，《永恒的智慧篇章》中的有些內容是從拉丁文的《智慧的時鐘》翻譯（改寫）為德語的。

【一】權威的本子是Georg Hofmann編輯的*Johannes Tauler Predgten*（Freiburg, 1961），以後多次再版，筆者手頭有的是Einsiedeln 1980版（兩卷）。

【二】蘇索逝於一三六六年，《範本》在死前三年編訂。蘇索的這部著述最早的版本是一四八二年的Augsburg版，一五一二年重印，直到十七世紀初期（一六一五年Neapel版），此書多次刊印；然後是一百多年後的十九世紀末，在晚期浪漫派的影響下，語文學家（F. Vetter）和歷史學家（K. Rieder）分別在一八八二年和一九〇五年重新發現蘇索。二十世紀初，Karl Bihlmeyer編訂的*Heinrich Seuse, Deutsche Schriften*（Stuttgart, 1907）為權威版本，給以後的現代德語譯本提供了基礎。現代德語譯本有多種（W. Lehmann譯本一九一一，N. Heller譯本一九二六），Georg Hofmann的*Heinrich Seuse, Deutsche mystische Schriften*（Düsseldorf, 1961）譯本亦長期流行。

蘇索既用拉丁文言又用德語俗語寫作，表面看來與埃克哈特的情形相似，其實不然。因為，即便用拉丁文言寫作，蘇索的作品也沒有一個思辨的形而上學整體框架——在埃克哈特那裡，其拉丁語著述明顯有這樣一種框架，而且，這框架對理解其德語講道文有決定性意義。蘇索最為思辨性的作品，反倒是用德語寫的《論真理》。這倒不一定是像有的解釋者認為的那樣，蘇索下意識地放棄了埃克哈特的形而上學思辨，轉向了具體的經驗性——沒有疑問，蘇索在文學方面的天賦要比老師高些，對自然也顯得更為敏感（有的研究者推測，蘇索很有可能讀過法蘭西中古晚期的騎士文學作品，就文學風格而言，他的作品顯得像是騎士文學與教團的靈性文學的一種結合）。毋寧說，蘇索的寫作動因並非像他的老師那樣，是受某個宗教形而上學的思辨問題驅使，而是來自於這樣一個對他個人來講決定性的困擾：老師為何被定了「異端」罪名——《範本》中的《永恒的智慧篇章》為對話體，寫作過程經歷了相當長的時間，頗能說明點什麼。

二〇〇四年十二月

聖靈降臨的敘事

——論梅烈日柯夫斯基的象徵主義

（獻給友人史鐵生五十歲生日）

只有音樂能感動我，能使我去追思實際生活中沒有發生過的事情。……什麼時候，我才能彈奏我經常聽到而稍縱即逝的東西呢？

——吉皮烏斯

據搞文化史研究的專家說，象徵主義在俄國的出現，標誌着俄國現代主義的誕生。【一】可是，按今天的眼光來看，俄國的象徵主義像是「現代主義」批判，認真說來該算是後現代主義的誕生。梅烈日柯夫斯基的「象徵主義」就是一個例子。

梅烈日柯夫斯基（Dimitrij Sergeevic Mereskovskij,1866-1941）二十出頭步入文壇時是個詩人，後來成了開一代精神風氣的思想人物。這個人通常被看做俄國**象徵主義**文學的先驅之一：一八九三年，梅烈日柯夫斯基發表了《論俄國現代文學衰微的原因及各種文學新潮》，「試圖解釋象徵主義學說」。僅從題目來看，梅烈日柯夫斯基的這部「評論文集」就是批判現代主義的。但文化史家說，這部文集是俄國現代主義文學的宣言書。【二】

梅烈日柯夫斯基是多產作家，寫詩、小說、劇本、評論、散文（遊記、書信）樣樣在行，還翻譯過古義大利小說、古希臘悲劇。但如果梅烈日柯夫斯基僅僅是作家，至多不過算天才文人輩出的所謂「白銀時代」中的一位才子罷了。梅烈日柯夫斯基的主要著作是小說體人物傳記和傳記體思想評論，這些所謂「歷史小說」和傳記體「評論」不僅佔有詳實的史料，有豐厚學問功夫，而且明顯在表達某種哲學—神學思想，並非單純的文人寫作。無論就文學評論還是小說敘事而言，梅烈日柯夫斯基的傳記寫作都不同尋常。

如果梅烈日柯夫斯基的傳記寫作寫的都是俄羅斯歷史中的人物，就像某些漢語作家寫孔子傳、孟子傳或李自成傳、曾國藩傳，也不會讓人覺得有什麼特別。梅烈日柯夫斯基筆下的傳記人物除俄國作家和俄國歷史上的君王外，好多是西方歷史上的精神人物（達·

【一】參Christa Ebert, *Symbolismus in Russland*（《俄國象徵主義》），Berlin 1988，頁一八—一九。

【二】梅烈日柯夫斯基在俄國現代主義文學和思想發展過程中的先驅作用，參別爾佳耶夫，《俄羅斯思想》，雷永生、邱守娟譯，北京：三聯書店一九九五，頁二一五—二二二；西人蘭珀特所撰《俄國現代主義》一文對梅烈日柯夫斯基的描述（見布雷德伯里、麥克法蘭編，《現代主義》，胡家巒等譯，上海：外語教育出版社一九九二，頁一一五—一一六）輕浮、平泛，不得要領。

芬奇、奧古斯丁、聖方濟各、路德、加爾文、但丁甚至耶穌）。【一】從這些傳記的文體來看，的確可以說梅烈日柯夫斯基在寫小說和評論，但就其小說敘事和文學評論融化了大量哲學—神學研究而言，梅烈日柯夫斯基又像在寫宗教哲學論著（梅烈日柯夫斯基也寫文論、政論甚至神學論文，無不帶有文人氣）。【二】一位俄語作家幾乎用自己的畢生精力研究眾多西方的精神人物，然後用小說敘事和文學評論的方式展示這些人物的靈魂經歷，似乎要走向某種西方精神，難道這就是所謂俄國文學的象徵主義轉向？

梅烈日柯夫斯基不僅是作家、詩人，也是十九世紀末至二十世紀初俄國知識界出現的**精神更新運動**的主將，三個「宗教—哲學社」中最大的「彼得堡宗教—哲學社」（另兩個是「莫斯科宗教—哲學社」和「基輔宗教—哲學社」）的中心人物。倘若梅烈日柯夫斯基僅僅是個文人、僅有會講故事的語言才華，沒有學問、思想貧乏，怎麼可能在「宗教—哲學社」這樣的圈子裡成為人物？

梅烈日柯夫斯基如果也是有學問的思想家，他提出的象徵主義就不會僅是一種文學主張，更有可能是一種思想主張。思想論述採用小說敘事和文學評論的方式，並非出於文人考慮，似乎因為「市井俗人喜看理治之書者甚少，愛看適趣閑文者特多」（曹雪芹語），要讓理論或思想性的東西讀起來輕鬆易懂（象徵主義的敘事讀起來易懂？）。只要梅烈日柯夫斯基算俄國象徵主義中的一個人物，俄國象徵主義就並非僅是一場文學運動。象徵主義運動幾乎與精神更新運動同時出現並交織發展，但作為文學流派的象徵主義似乎在一九〇九年就過去了。一九二八年，象徵主義女作家彼得羅芙斯卡婭開煤氣自殺，詩人霍達謝

【一】《基督與敵基督》是梅烈日柯夫斯基的第一部大型三部曲象徵主義小說，其中的兩個主要人物是西方的。描寫達·芬奇的《諸神復活》為其中的第二部，二十世紀四十年代初已有中譯本（綺紋譯），北京：三聯書店一九八八年重版；近年來，其中的另兩部也有了中譯本：《諸神死了：叛教者羅馬大帝尤里安》（附有梅烈日柯夫斯基的《自傳隨筆》節譯和《一九一一—一九一三年版全集序言》）、《反基督：彼得大帝和皇太子》（刁紹華、趙靜男譯，哈爾濱：黑龍江人民出版社一九九八）。也許，三部曲中最重要、對我們來說可能也最有趣的，是記敘搞改革開放的彼得大帝的第三部《反基督》。

近年來刊行的梅烈日柯夫斯基傳記小說中譯本還有：《路德與加爾文》（楊德友譯，上海：學林出版社一九九八）、《但丁傳》（刁紹華譯，瀋陽：遼寧教育出版社二〇〇〇）。梅烈日柯夫斯基最著名的傳記體評論是多卷本的《托爾斯泰與陀思妥耶夫斯基》（楊德友譯，瀋陽：遼寧教育出版社一九九九，係節譯）。凡引以上著作，僅注書名（或篇名）及頁碼。

【二】近年刊行的梅烈日柯夫斯基文集中譯本有：《永恒的旅伴》（傅石球譯，上海：學林出版社一九九九）、《病重的俄羅斯》（李莉、杜文娟譯，昆明：雲南人民出版社一九九九，其中包含梅烈日柯夫斯基的另一部文集《未來的小人》）、《先知》（趙桂連譯，北京：東方出版社二〇〇〇）。凡引以上著作，僅注書名（或篇名）及頁碼。

維奇寫了篇紀念文章《列娜塔之死》。按這位同時代詩人的說法，象徵主義作為文學的時代精神，不過一九〇三—一九〇九年一段時間的「抒情即興曲」，領了幾年風騷而已。據這位詩人說，這並沒有什麼好奇怪，因為，象徵主義詩人要麼是些「僧人」、要麼是些「吝嗇的騎士」，最終「紛紛死於精神的飢餓——死在裝滿各種感受的袋子上」。【一】

這話用在勃留索夫一類象徵主義詩人身上，還算合適；如果用在梅烈日柯夫斯基這樣的象徵主義代表人物身上，就離譜了。梅烈日柯夫斯基的象徵主義與精神更新運動一起，經歷了近半個世紀。十月革命以後，這場精神運動從俄國流亡到西歐——以巴黎為中心，一直持續到踐行精神更新的一代人相繼去世。一九四一年，梅烈日柯夫斯基並非死於精神的飢餓，而是精神的勞累（寫完《但丁傳》之後）。【二】

象徵主義作為一個文學流派與作為一種思想是有分別的。當年以「阿克梅派」代言人身份出來挑戰象徵派的詩人古米廖夫也承認，象徵主義曾「令俄羅斯出版界的野獸們即使不尊重（傳統中）偉大的名字和思想，至少也會在他們面前感到恐懼」，至於「作為一個文學流派是否應該存在下去」，是另一回事。【三】別爾佳耶夫在回顧二十世紀初俄國思想的嬗變時說過：法國象徵主義僅是文學思想的突破，俄國象徵主義更是社會思想的突破。在《論俄國現代文學衰微的原因及各種文學新潮》的講演中，梅烈日柯夫斯基明明說：

從失掉靈魂的實證論邁向神性的理想論，在宗教和哲學上與不可認知者和解的時

【一】參霍達謝維奇，《大墓地》，袁曉芳、朱霄鵬譯，上海：學林出版社一九九九，頁一一一四。

【二】十月革命後，梅烈日柯夫斯基流亡西歐，一九四一年客死異鄉巴黎。在流亡的十餘年間，梅烈日柯夫斯基著述不輟，其主要著作的西文譯本流傳比俄文本更廣（有些著作的西文譯本直接從手稿迻譯，如長達一千二百多頁的傳記體小說「耶穌三部曲」的後兩部——《來臨者耶穌》和《死與復活》）。二十世紀九十年代初筆者在巴塞爾舊書店搜尋所得，均為當年的初版。關於梅烈日柯夫斯基豐富多彩的一生，與其共同生活五十餘年的妻子、詩人吉皮烏斯—梅烈日柯夫斯基卡婭的《梅烈日柯夫斯基傳》（施用勤、張以童譯，北京：華夏出版社二〇〇一）有剪影式的描述，亦參徐黎明，《宗教性的種子：梅烈日柯夫斯基與俄國「新基督教運動」》，見《道風：基督教文化評論》（香港），一三（二〇〇〇），頁二〇三—二二五。

【三】參見古米廖夫《詩的生命》，見王守仁編，《復活的聖火：俄國文學大師開禁文選》，烏蘭汗等譯，廣州：廣州出版社一九九六，頁一三；古米廖夫對象徵派的批評，參其《象徵派的遺產與阿克梅派》一文，亦見《復活的聖火》，頁一九—二三；關於作為文學流派的象徵派，參見勃留索夫，《自傳和回憶錄》，朱志順譯，上海：學林出版社一九九九，頁八八—九八；勃洛克，《關於俄國象徵主義的現狀》，見氏著，《知識分子與革命》，林精華等譯，北京：東方出版社二〇〇〇，頁一二五—一四〇。

代來臨了……社會小説和市民小説不堪卒讀、令人厭倦；必須在詩和散文中去尋求表達，詩和散文打開了進入永恒的門扉。只有一種文化是真實的，這就是尋求上帝的文化，只有一種詩是真實的，這就是象徵主義的詩。【一】

很清楚，這並非僅是文學宣言，也是**思想宣言**。這一「宣言」提出「尋求上帝的文化」，正值晚期俄羅斯帝國現代化的**社會轉型期**，各種**革命思想**暗流湧動；如果革命思想是現代的，「尋求上帝的文化」的象徵主義是不是就應該被看成**後**—現代的呢？俄國象徵主義運動與晚期俄羅斯帝國最後二十年複雜、劇烈的思想衝突中出現的宗教精神更新運動迭合，引出了一個值得探討的問題：作為一種**社會思想**，俄國象徵主義的思想史（而非文學或批評史）意義是什麼？

本文來探討這一問題，並非要為國朝學界的俄國文化研究提供另一種可能性，似乎想提請俄國思想史研究關注文人、或提請俄國文學史研究關注哲學和宗教。這裡的問題旨趣屬於中國現代思想史：如果俄羅斯思想在進入現代性的惶惑旅程時產生出既令人驚異、又讓人困惑的精神突進，在民族的和西方的思想基礎上深入到現代性問題引致的人類精神困惑深處，遭遇過相同命運的現代漢語思想剛好可以把俄羅斯現代思想作為**自己的一面鏡子**。

十月革命前，俄國象徵主義精神就已經傳到西歐，對歐洲現代思想產生了相當廣泛的影響——德語神學家巴特的《《羅馬書》釋義》（一九一九）多次引用梅烈日柯夫斯基，就是例證。十月革命後，在蘇聯「無產階級專政」的文化政局中，宗教精神更新運動被視為「反動思想」，象徵主義精神當然沒有可能持續下去。不過，在十月革命精神傳入中國的同時，俄國象徵主義也傳到中國。事實上，革命精神與象徵主義精神在三十、四十年代曾經爭奪過中國知識人的靈魂（《諸神復活》初版〔一九四一〕的「譯者序」說，梅烈日柯夫斯基「在舊俄時代與高爾基齊名」）。瞭解思想史的人都清楚，晚期俄羅斯帝國時代已經發生過類似的爭奪知識人靈魂的思想衝突。與後來在中國知識界發生的情形一樣，象徵主義精神在這場思想衝突中徹底失敗，許多知識人（包括作家、詩人）的靈魂被革命精神領走了。

象徵主義精神真的失敗了？新宗教文化運動宣稱自己是一場「內在的精神革命」，這

【一】梅烈日柯夫斯基，《論俄國現代文學衰微的原因及各種文學新潮》，引自Fedor Stepun, *Mystische Weltschau: Funf Gestalten des russischen Symbolismus*（《神秘的世界觀：俄國象徵主義五傑》），Müchen 1964，頁七——八。

場精神革命發生在激進的社會革命之前，兩個革命之間有沒有什麼社會思想上的關係？評價曾經有過的某種思想的歷史意義，恐怕不能僅從社會功利角度着眼。不然，又該如何看待在蘇維埃文化制度中殘喘的新宗教文化精神（帕斯捷爾納克、阿赫瑪托娃、巴赫金）？【二】何況，當激進民主主義的社會革命訴求瀰漫文化思想界時，有些知識人轉向個體性宗教想像是否要不得，還是一個問題。

引入興味的思想史問題因此並非是：為什麼象徵主義精神必然失敗。通過思索歷史中出現的思想事件，思想史提出的問題毋寧是：難免遭遇歷史迷亂的個體精神究竟應該在哪裡找到自己的家園。

從思想史角度探討俄國象徵主義，至少可以問這樣一些問題：在斯拉夫文化派與西歐文化派對立、自由主義與社會民主主義衝突的思想格局中，精神更新運動的歷史含義是什麼？「尋求上帝的文化」與「象徵主義的詩」、新的宗教精神與社會民主革命精神及自由主義精神是什麼關係？

梅烈日柯夫斯基雖然通過小説敘事講了好多神學思想，卻不是教會神學家，而是自由知識人。近兩百年來，作為自由知識人的基督思想大家代不乏人。就富於文人氣質的大思想家而言，梅烈日柯夫斯基之前有基爾克果、之後有薇依。前者屬於新教背景，後者屬於

大公教背景，梅烈日柯夫斯基則有**東正教背景**，儘管他們沒有哪一個真正屬於這些教派，算不上正統的教派思想家、甚至正統的教徒。如果自由知識人式的基督教思想不是個別的**現代文化現象**，這一現象與現代性批判或所謂後—現代精神有什麼關係？

值得搞清楚的問題最終是：在梅烈日柯夫斯基那裡如果有一種所謂**自由的**「基督精神」，其含義究竟是什麼？

「神聖的泥土」、「內在的流浪漢」與小說類型

表面看來，俄羅斯帝國最後二十年社會演變的基本格局與晚清帝國有些相似：儘管帝國政府推行了一系列**君主立憲**的政治改革，最終還是沒有能避免**激進民主主義**的社會革命。自一八六一年解放農奴法令以來，沙俄帝國統治者不遺餘力改革地方行政、司

【一】巴赫金在漢語學界儘管聲譽卓著，其思想中的基督教精神因素卻很少受到關注。巴赫金與精神更新運動的關係，參見Katerina Clark/Michael Holquist，《巴赫金》，語冰譯，北京：中國人民大學出版社一九九二，頁一五〇—一七九及頁三〇三以下。

法制度、教育體制乃至軍事體制，比晚清戊戌事變之後的改革早不到半個世紀。但俄羅斯帝國並未很快變得強盛，同樣嘗到過像中華大帝國那樣被一個東亞小國戰敗的國恥滋味。資本主義工業化和帶有自由主義趨向的立憲改革導致的社會混亂，也使得知識人對國內的政治—社會狀況和改革後的帝國作為現代民族國家在國際競爭格局中的地位十分不滿。正是在這樣的現實歷史處境中，思想界極度分化，社會思想衝突迭起，社會革命順時而興。

晚期俄羅斯帝國從現代化改革轉向現代化革命，必然還是偶然？

如今，不僅俄國學界、甚至漢語學界也在問這樣的問題。[一] 不管怎樣，晚期俄羅斯帝國思想狀況之複雜，與晚清帝國的思想狀況實際上不可同日而語。俄羅斯的現代化進程得從彼得大帝的改革開放算起，西歐的現代思想早就進入了俄國知識界。[二] 如果康熙皇帝與羅馬教廷的關係沒有鬧崩，他本人堅持把拉丁語學下去，中國知識界的情形可能就不同了。晚清時期，中國思想界才開始惶然面對西歐近代思想，而十九世紀末的俄國知識界與西歐現代思想打交道已有兩百年歷史，啟蒙後的各種「主義」早已成了俄國思想土壤中的肥料。

社會歷史學家一般將晚期俄羅斯帝國的知識人分為三大類：改革派、保守派和革命派。【三】這種劃分可能過於籠統。民粹主義、無政府主義和馬克思主義知識人都屬於革命派，但相互之間似乎仍然有分別；屬於改革派的自由主義陣營亦不統一、歧見紛擾——有啟蒙性主義者、也有反啟蒙的現代主義者。新宗教精神運動的知識人大體上屬於自由的改革派，卻與啟蒙理性的自由派或實證主義自由派沒有多少共識。梅烈日柯夫斯基的象徵主義思想既與革命派思想對立，也與保守派思想對立。如果我們稀裡糊塗把各類自由主義者看成一夥人，不去辨析自由主義知識人的思想差異，對思想史的認識以至對漢語思想的認

【一】關於俄國革命，參山內封介，《俄國革命運動史》，衛仁山譯，上海：太平洋書局一九二八，卷五；當今的歷史學—社會學—政治學研究，參安啟念，《東方國家的社會跳躍與文化滯後：俄羅斯文化與列寧主義問題》，北京：人民大學出版社一九九四；蘇文，《傳統、改革與革命：一九一七年俄國革命再認識》，見《二十一世紀》，一九九七（五）；劉淑春、翟民剛、王麗華編，《「十月」的選擇：九十年代國外學者論十月革命》，北京：中央編譯局一九九七。

【二】參普列漢諾夫，《俄國社會思想史》，卷二—三，孫靜工譯，北京：商務印書館一九九〇。

【三】參M.Raeff，《獨裁下的嬗變和危機：俄羅斯帝國兩百年剖析》，蔣學楨、王端譯，上海：學林出版社一九九六，頁一六〇及以下。

識可能都不會有什麼長進。

梅烈日柯夫斯基提出新宗教精神，當然意味着對舊的宗教精神不滿。什麼是舊的宗教精神？

表面看來，梅烈日柯夫斯基針對的是傳統的東正教正統教會。但正統教會與「社會小說」和「市民小說」有什麼相干？所謂舊的宗教精神，一定另有所指。

梅烈日柯夫斯基提出「尋求上帝」文化之前，也即是十九世紀六十年代以來，俄國思想文化界中相當活躍的是民粹主義思想。民粹主義是對俄國化的德國思辨理性啟蒙思想的反動：從別林斯基的轉變，到車爾尼雪夫斯基、杜勃羅留波夫的文學批評，體現了這一思想的發展軌跡。民粹派指責資本主義工業化和城市化加深了農民的苦痛，帶來種種新的社會罪惡，轉而讚美農民德性、村社鄉土性和所謂東方土地的道德傳統。民粹主義並不反對現代化，僅僅反對**資本主義式**（等於西化）的現代化，主張走俄羅斯**東方特色**的現代化道路——基於俄國「村社」傳統實現社會主義的現代化。

於是，民粹派提倡知識人「到民間去」，與農民相結合。

民粹主義「到民間去」的**社會行動**與通過文學（尤其小說和特寫）敍事和文學批評形成的民粹主義**政治文化**相輔相存。在當時影響廣泛的作品《土地的威力》中，民粹派最出色的小說家烏斯賓斯基宣稱，俄羅斯「黑油油、潮乎乎的土」有超歷史的道德力量，是俄羅斯人民的根。他特別強調，這「土地」「不是什麼比喻的或者抽象的、寓意的土地，而是你以泥巴的形式粘在套鞋上從街上帶回來的泥土」。

土地性被說成具有道義力量的人民性後，俄羅斯的「土地」就成了道德的表徵。土地—人民—道德這一民粹主義的三位一體論，既使俄羅斯「土地」也使俄羅斯「人民」（特指農民）具有反西化惡魔的精神力量。據烏斯賓斯基說，俄國農民若不離土，就能「肩負人間一切重擔，為我們所熱愛，替我們醫治心靈的傷痛，就會保持其剛強而溫順的天性」。

> 飾演梅非斯特或惡魔的演員的面孔，只要被火光照耀，就會紅光滿面。我們的人民只要從頭到腳、從裡到外，全身都沐浴和浸透着土地母親散發出的光和熱，就會保持本色，就會具有理智和心靈的一切可貴品質，總而言之，就會保持他們的天性，甚至保持他們的原形。紅燈一滅，惡魔的面孔就不再發紅。使農民脫離土地，脫離土地帶來的心事和利益，使他忘記「務農」，那麼，俄國人民、人民的世界觀、人民發出的熱便不復存在。剩下的只是空虛的人體和空虛的器官。隨之而來的便是空虛的靈魂，「完全的自由自在」，亦即杳渺的遠方、無垠的曠野，可怕的「愛上哪兒就上哪

兒……」【二】

如此思想和情緒可謂浪漫民主主義的俄羅斯版本，其中心觀念是共同體的人民及其德性品質。俄國民粹主義是俄國馬克思主義的前驅，兩種「主義」在思想質地上相同，一如盧梭思想與馬克思思想質地上相通。蘇維埃政權的思想史也批判民粹派，也還曉得提到列寧對前期和後期民粹派的區別對待。

民粹主義在讚美農民性的同時，沒有忘記賦予同農民相結合的知識人——烏斯賓斯基所謂「人民知識分子」一種啟蒙身位，宣稱知識人的精神領導是土地性—人民性—道德性三位一體的「另一個重要因素」。

人，即莊稼人，在從土地、從大自然中接受道德指南時，有意無意把過多的叢林傾向，過多的幼稚的叢林獸性，過多的幼稚的狼的貪婪帶進了人類生活。……人民知識分子恰恰把這種並非動物界和叢林界中信奉的真理、而是上帝的真理帶到民間去。他們扶起被無情的大自然拋棄、孤苦伶仃聽任命運擺佈的弱者。他們幫助、而且總是以實際行動幫助人們抵抗動物界真理的過分兇殘的進逼。（烏斯賓斯基，《土地的威力》，頁一九五）

既然「人民」即德性，知識人沒有德性，怎麼又會掌握着「上帝的真理」？「上帝的真理」當然是宗教的真理，難道宗教的真理與「人民」的德性不同？

現在沒有必要再來想通這一問題。總之，可以看到，民粹派知識人並沒有在「人民」面前喪失所有高貴的身份，在失去德性後，還葆有一種宗教身份，而且是啟蒙式的——把「上帝的真理到民間去」。從這一意義上說，民粹主義也是近代啟蒙思想的一種類型——與盧梭的啟蒙精神有點像、而根本不像英格蘭啟蒙精神的啟蒙思想。如果民粹主義也可以算作救亡精神，在民粹派知識人那裡，救亡與啟蒙是一回事情。

這位有真理的「上帝」是誰？

顯然是道德的啟蒙精神信奉的新神，而非基督的上帝。既然啟蒙精神也是一種道德精神，「人民知識分子」就是掌握着「上帝的真理」的知識人，他們開啟沉睡在人民身上的「人民性」，所謂「人民性」就不過是「人民知識分子」製造出來的一種想像的德性。儘管這種德性是想像的，卻具有歷史—政治含義，或者說是一種解決現實問題的政治方案：

【一】烏斯賓斯基，《土地的威力》，見《俄國民粹派小說特寫選》，上冊，北京：外國文學出版社一九八七，頁一八三—一八四。

「村社」社會主義的人世天國。

與俄國現代思想有淵源關係的伯林看得很清楚：民粹派社會革命家的情懷是宗教情懷，他們自視為獻身道義和人民的革命教士：在人民知識分子的指引下，革命之火可以消滅獨裁、剝削、不平等，然後從焚燒資本主義的灰燼中建立起一個自然、和諧、公正的社會，實現塵世天國。伯林還看出，民粹派的這個世俗版本的宗教想像與受國家東正教壓制的俄國舊教徒有深厚的淵源。舊教徒傳統是在十七世紀的宗教大分裂時期形成的，一向攻擊國家化的東正教正統。【一】民粹派強調共同體的價值，似乎就是俄國舊教徒穿上了現代化的衣衫，成為有俄羅斯特色的現代革命派。

梅烈日柯夫斯基的新宗教精神針對的舊宗教，首先就是這種民粹主義的宗教。「想像的共同體精神」與也許同樣是想像的個體自由精神的衝突，看來是晚期俄羅斯帝國文化思想界的基本張力結構。民粹派把「村社」共同體及其德性視為東方特色的現代化道路的基點，實際上並不具有多少精神的獨創性，至多算創造性地轉化了斯拉夫派的文化民族主義立場，而斯拉夫的現代主義是早就已經有的了。【二】民粹主義與斯拉夫主義的不同在於，是否要實現「村社」社會主義的現代化。

說民粹主義的社會小說是梅烈日柯夫斯基想要抵制的一種舊宗教還算通，難道「市民小說」也可以算作他想要抵制的「舊宗教」？

在**民粹激情**席捲知識界的時候，**屠格涅夫**冷靜、旁觀的小說敘事守護着市民精神的「最低綱領」，以「市儈氣」對抗民粹激情，譏民粹派祭起的俄國**農民德性**為「羊皮大衣」，還讓自己筆下小說中的這類民粹分子以自殺了結。屠格涅夫的小說，堪稱「市民小說」的代表，屬於這種小說類型的代表還有**契訶夫**和**高爾基**。雖然就**小說精神**的精緻和深度而言，這兩位小說家都無法與屠格涅夫相比，但他們在精神氣質上一致，而且在九十年代名**氣旺盛**。

高爾基怎麼能與屠格涅夫、契訶夫扯在一起，他筆下的「流浪漢」形象多麼生動，哪裡像「小市民」的樣子？梅烈日柯夫斯基會不會搞錯了？

在九十年代寫的評論契訶夫和高爾基的文章中，梅烈日柯夫斯基分析說，這兩位小說家可謂「**俄羅斯中間階層**（人數眾多、最具活動力的階層）的知識分子之**中間立場**的表達

【一】伯林，《俄國思想家》，彭淮棟譯，臺北：聯經出版事業公司一九八七，頁二八五。

【二】我沒有採納伯林的見解，據他說，民粹主義有別於斯拉夫主義者，因為這夥人不相信俄國民族有何特殊的性格和命運。參伯林，《俄國思想家》，前揭，頁二七八—二七九。

者」。這個階層的構成呈梯形結構，「階梯的底部是契訶夫的知識分子；頂部是高爾基的流浪漢。他們之間有一列俄羅斯知識分子尚未看到、但卻已經走在上面的臺階」（《契訶夫與高爾基》，見《先知》，頁二九九、三一一）。

契訶夫的小說藝術以細膩見稱，敍事帶有「化繁複為質樸」的詩意。但契訶夫的小說精神是對「沒有事件發生的日常生活」的感覺，這是他所屬的那個「中間階層」特有的。「契訶夫的主人公沒有生命，有的只是日常生活」，只不過契訶夫對這種「沒有事件發生的日常生活」的感覺特別細膩，能看到「隱秘的尋常物，並且同時看到尋常物的不尋常」（《契訶夫與高爾基》，見《先知》，頁三〇四—三〇五）。

至於高爾基，梅烈日柯夫斯基以為在小說藝術方面沒有什麼好說的，但他的小說精神卻不可小視，因為，高爾基小說中「夢想成為大作家的流浪漢」說出了這個「中間階層」的知識分子「心的喊叫」。梅烈日柯夫斯基看得清楚，「高爾基的流浪漢們儘管有着大眾化的外表，內心卻是貴族。普通百姓對於他們來說是賤民。他們對農夫的仇恨和蔑視恐怕不亞於對老爺的仇恨和蔑視」（《契訶夫與高爾基》，見《先知》，頁三二一）。說到底，高爾基筆下的「流浪漢」是「小市民」式知識分子的精神符號，所表徵的不是經濟貧窮、而是精神貧窮，是「內在的流浪漢」：

除了外在的、社會經濟的流浪漢現象以外，還有內在的流浪漢現象，心理的流浪漢現象——虛無主義的最後極限、最後暴露，精神赤裸及精神赤貧。根本不是因為人從前成了外部社會環境的犧牲品、感覺「在底層」，才使其淪為內在的流浪漢，恰恰相反：因為淪為了內在的流浪漢，他才感覺「在底層」。（《契訶夫與高爾基》，見《先知》，頁三一四）

契訶夫「小市民」知識分子的日常細膩與高爾基流浪漢的豪氣，有着「形而上的親合力」。「流浪漢」**道德**宣稱「人的肚皮是最主要的事」，人要吃飯是**第一哲學**；「流浪漢行為這唯一的狼的真理將變成契訶夫知識分子的唯物主義、現實主義、達爾文主義或其他什麼主義，但實質上，這將仍舊是同樣的**流浪漢犬儒主義**的恬不知恥」（《契訶夫與高爾基》，見《先知》，頁三三五）。當然，這兩位小說家的精神並非一點差別沒有：

契訶夫的知識分子就是高爾基的那個流浪漢，他身上已經「一切都蛻掉了」，除了一些勉強遮掩住最後的赤裸、最後的人之羞恥的意識上的破衣爛衫；高爾基的流浪漢就是契訶夫的那個知識分子，他連這些最後的遮掩也剝掉，是完全「赤裸裸的人」。（《契訶夫與高爾基》，見《先知》，頁三三四）

從這「赤裸裸的人」身上，這個階層產生出自己的宗教信仰，契訶夫和高爾基不過是這種宗教「最早的有意識的導師和先知」。

契訶夫和高爾基不是對基督教、甚至任何宗教都有冷感嗎，怎麼會成了某種宗教的「先知」？什麼樣的宗教？

沒有上帝的「人性宗教」、「人性、太人性的宗教」（《契訶夫與高爾基》，見《先知》，頁三一〇），或者說「實證主義」的人生信仰。

自覺的流浪漢行為、反基督教是想要成為上帝的人的宗教。後者，當然，是欺騙。因為流浪漢行為的出發點是「存在的只有人」，沒有上帝，上帝是虛無；以此類推，「人是上帝」就意味着，人是虛無。虛妄的神化導致的是人的真正的消滅。（《契訶夫與高爾基》，見《先知》，頁三二三）

這種「人性、太人性的宗教」就是「市民小說」的精神，梅烈日柯夫斯基要抵制的另一種「舊宗教」。

梅烈日柯夫斯基很清楚，他主張的新宗教精神與舊宗教精神的衝突，不是有神論與無神論的衝突，而是不同的宗教精神的衝突。民粹精神是社會民主主義的一種類型，而在梅烈日柯夫斯基看來，整個社會民主主義就是一種「神秘主義」宗教，其「無神論前提不是批判的，而是教條的；不是批判地否定上帝問題，而是教條地肯定沒有上帝」。「內在的流浪漢」精神是一種精神「實證主義」宗教，其無神論前提同樣是教條的。無論這兩種小說精神相互之間顯得多麼對立，一個帶有救世熱情，另一個則一副精神流浪漢的樣子，實際上都是以現代無神論面目出現的現代宗教，本質上都是有神論的反面：「教條式的無神論就是有神論的反面——反有神論」。有神論的反面並非就不是宗教，無神論是地地道道的宗教。

民粹派小說所體現的社會民主的「神秘主義」、宗教與市民知識人的「實證主義」宗教，都是知識人的宗教，而不是老百姓的宗教，這兩種擺在梅烈日柯夫斯基面前的「舊宗教」之間的內在關聯，還不單單是它們共同具有的「教條式無神論」。終於有一天，高爾基發出了民粹主義的感慨，成為社會民主黨人的好朋友，並不奇怪。

「我看到強大的、不朽的人民……於是我祈禱：你就是上帝，世界上將沒有比你強大的力量，因為你就是唯一的神，創造奇跡吧。這就像我的信仰和自白」（高爾基，《自白》）。這難道不是信仰？這難道不是神秘主義？（《人心與獸心》，見《病重的俄羅斯》，頁四四—四五）

梅烈日柯夫斯基步入文壇時，俄國文學界已經有一堆大師。托爾斯泰、陀思妥耶夫斯基不用說了，民粹派小說家、後起的「市民小說」新秀，都已經成了文壇大師。青年梅烈日柯夫斯基面臨一個問題：在林林總總的文學寫作方向中，應該選擇跟隨哪一個方向？這並非是單純的文學趣味或偏好問題，正如已經看到的，**小說感覺或小說類型**就是宗教精神乃至社會思想的表達。借《論俄國現代文學衰微的原因及各種文學新潮》，梅烈日柯夫斯基表明了自己的立場：拒絕「社會小說」和「市民小說」——這兩種小說類型都是俄國「現代文學」衰微的表徵，從根本上說，都是現代「實證主義」和「功利主義」精神的「應聲蟲」。

梅烈日柯夫斯基選擇了托爾斯泰和陀思妥耶夫斯基的小說敘事，它們代表的小說類型不妨稱為**宗教小說**。如果「社會小說」和「市民小說」與其說是一種寫作類型、不如說是

一種知識人宗教的體現，梅烈日柯夫斯基的選擇，就既是一種寫作類型的重新抉擇，也**是一種宗教精神的重新選擇**。在現代中國文學史上，如果撇開革命歷史小說不談，便唯有「社會小說」和「市民小說」堪稱文學精神的最高典範，前者以魯迅小說為代表，後者以張愛玲小說為代表。漢語的小說敘事，就這樣達到了自己的精神高度。在隨後寫的多卷本《托爾斯泰與陀思妥耶夫斯基》中，梅烈日柯夫斯基表達得再清楚不過：

> 在俄羅斯靈魂達到《安娜．卡列尼娜》和《卡拉馬佐夫兄弟》這兩個最高之點後，是何等突如其來的斷層、何等的精神塌方！有意識的文化的歷史繼承性何在？能夠把我們的今天和這樣的昨天聯繫起來的活生生的血脈聯繫何在？（《托爾斯泰與陀思妥耶夫斯基》，頁三二八）【一】

打在我們的全部新精神現象——從退化的、變粗野的、倒退的斯拉夫派到馬克思

【一】國朝學界的陀思妥耶夫斯基研究和托爾斯泰研究，迄今沒有充分注意梅烈日柯夫斯基的具有思想史地位的評論。《世紀文論》編委會編的《陀思妥耶夫斯基的上帝：陀思妥耶夫斯基研究論述》（北京：中國社會科學文獻出版社一九九四）和倪蕊琴編的《俄國作家、批評家論托爾斯泰》（北京：中國社會科學文獻出版社一九八二）均未選入梅烈日柯夫斯基的評論文。

主義，從頹廢派到民粹派——上的是什麼印記！是哲學和宗教的虛弱、貧瘠……是幽靈式的抽象、孤寂……（《托爾斯泰與陀思妥耶夫斯基》，頁三二九）

《論俄國現代文學衰微的原因及各種文學新潮》提出「尋求上帝的文化」，托爾斯泰和陀思妥耶夫斯基的小說敘事都在講具有俄羅斯傳統的上帝，梅烈日柯夫斯基新的「尋求」有什麼新鮮？

看來，梅烈日柯夫斯基唯有靠所謂「象徵主義的詩」來證明自己新的「尋求」。搞懂何謂「象徵主義的詩」，對於我們理解梅烈日柯夫斯基的精神抉擇也就至關重要。況且，托爾斯泰和陀思妥耶夫斯基的小說敘事都可以說是現代的——現代思想的表達，「象徵主義的詩」打算通過批判來繼承托爾斯泰和陀思妥耶夫斯基，因而是後現代的。問題在於，所有這一切究竟是什麼意思？

《托爾斯泰與陀思妥耶夫斯基》分析說，自從彼得大帝改革開放以來，俄國知識界一直存在西化派和斯拉夫派的思想衝突（近似上朝學界西化派與國粹派的衝突）。西化派推崇全歐文化理念和彼得大帝的開放，斯拉夫派流連於「對往昔浪漫而模糊的惋惜，或對未來同樣浪漫而模糊的憧憬」，吟哦「已經死亡或尚未誕生之物」（《托爾斯泰與陀思妥耶夫斯基》，頁三一）。但是，托爾斯泰和陀思妥耶夫斯基的小說敘事出現之後，俄羅斯思想界再要堅守幼稚的西化派或斯拉夫派立場變得不可能：十九世紀上半葉俄國思想界中的那些啟蒙思想家（西化派）馬上顯得不過是些「德國形而上學過分順從、膽小如鼠的小學生」，「天真爛漫的黑格爾主義者」；斯拉夫派「頭暈目眩地迷醉於民族虛榮心」，要回歸民族精神傳統，不過是「羸弱和病態的一代人」的精神「恐懼」（《托爾斯泰與陀思妥耶夫斯基》，頁三三—三四）。知識界面臨的問題，已經不再是如何現代化或反現代化，而是對作為一個精神難題的近代歐洲精神作出俄羅斯式的回答。

托爾斯泰和陀思妥耶夫斯基的小說敘事超越了**西化派和斯拉夫派**的心態和思想情懷，對於梅烈日柯夫斯基來說，宗教小說的意義首先在於**現代性問題意識**的轉換。無論西化派還是斯拉夫派，都沒有真正觸及現代性問題。

這裡的所謂現代性問題是什麼呢？韋伯從托爾斯泰的小說中讀出的現代資本主義「鐵籠」中個體生命的意義問題，是否就是梅烈日柯夫斯基所理解的現代性問題？

梅烈日柯夫斯基注意到，陀思妥耶夫斯基和托爾斯泰已經引起西歐思想界關注，被視為俄羅斯思想對理解現代性問題作出重大貢獻的思想家。但他以為，西歐思想家對這兩位俄語作家的認識多半不得要領。他們大多沒有看到，這兩個精神人物既有深刻的共同點，也有同樣深刻的精神對立。托爾斯泰和陀思妥耶夫斯基都是矛盾的思想人物，身上帶有悲劇性精神衝突的痕跡。不過，總的説來，就碰觸到現代性問題的神經而言，陀思妥耶夫斯基的悲劇性衝突遠比托爾斯泰深刻。

何以見得？

梅烈日柯夫斯基評論説，陀思妥耶夫斯基思想中的矛盾是**魔鬼與上帝**衝突的結果，這與尼采思想很相似。尼采堪稱歐洲人中最具歐洲特質的人，正如陀思妥耶夫斯基堪稱俄國人中最具俄羅斯特質的人，「他們從兩個不同的、對立的方向走向同一個深淵」，不約而同提出了超人理念。尼采和陀思妥耶夫斯基的思想產生的歷史背景，正是現代資本主義轉向成熟的時期。這個時候，社會動盪，各種政治改制主張劇烈衝突（尤其自由主義與激進民主主義）。在如此政治文化語境中，尼采和陀思妥耶夫斯基突兀地提出「超人」問題，究竟是什麼意思？

梅烈日柯夫斯基承認，要搞清楚「超人」理念的含義相當困難。但可以肯定，「超人」理念的含義無論如何不會是西方的自由派（或者俄國的西化派）以為的絕對自由，也不會是西方的保守派（或者俄國的斯拉夫派）想像的傳統的民族神話精神。自由派和保守派雖然對立，其實都是現代的精神，而「超人」精神根本上是反「現代」的。

「超人」精神是否真的就是當今所謂的「後現代精神」，難以斷定。但「超人」精神的提出，的確標誌着現代性問題意識的根本性轉向。梅烈日柯夫斯基敏銳看到，陀思妥耶夫斯基思想的意義，不在於突顯了俄羅斯民族思想傳統的精神特性，而在於切入現代性問題的縱深——尼采同樣如此。在他們兩人那裡，現代性不再僅僅是一個社會—政治層面或民族國家的文化特性問題。用梅烈日柯夫斯基的話來說，這種轉向標誌着現代性問題從歷史平面轉向宗教深淵：

超人，是具有憤怒孤寂、離群索居之個體永恒根源的歐洲哲學偉大山脊的極點，最突兀的頂峰。沒有更多可去的地方，歷史之路已經走完，往後就是懸崖和深淵，或墮落或飛躍，是超歷史之路、是宗教。（《托爾斯泰與陀思妥耶夫斯基》，頁三六）

韋伯曉得，如果不面對馬克思和尼采，就不可能理解現代性問題。馬克思思想和尼采思想分別突顯出現代性問題的**歷史維度**和**宗教維度**，韋伯似乎想站在歷史之路的懸崖處觀望尼采敞開的宗教深淵。韋伯清楚看到，「諸神之爭」將是現代性無從逃避的人類命運，至於在這命運中怎麼辨，韋伯打算恪守「價值中立」之道，拒絕任何先知精神，以免陷入

「諸神」之間的廝殺。對於梅列日柯夫斯基，事情就不是如此這般。鑒於尼采和陀思妥耶夫斯基從歷史之路的懸崖處躍入了宗教深淵，並在這深淵中提出「超人」理念，新的先知精神事實上已經出現了。這樣一來，「諸神之爭」的廝殺在所難免，恪守「價值中立」可能嗎？

尼采為人神而與神人鬥爭，戰勝了神人嗎？陀思妥耶夫斯基為神人而與人神鬥爭，戰勝了人神嗎？不僅俄羅斯文化、甚至整個世界文化的前途，都取決於這一問題。（《托爾斯泰與陀思妥耶夫斯基》，頁三七）

尼采和陀思妥耶夫斯基分別提出的「超人」理念表明，人而神與神而人的衝突是「全部的世界性矛盾」。在梅列日柯夫斯基看來，這就是現代性——或者用今天的話說是後現代——問題的深淵。陀思妥耶夫斯基的宗教小說以俄羅斯式的精神力量，踏入了這個世界的現代性問題的深淵，不僅超越了西化派與斯拉夫派的思想衝突，也超越了民粹派社會小說和舊貴族市民小說的思想視野，把解決「塵世中可能存在的兩種最為對立的理念的衝撞」視為自己的使命。

在「諸神之爭」的斷殺中恪守「價值中立」真的沒有可能？

在梅烈日柯夫斯基看來，陀思妥耶夫斯基的宗教小說已經回答了這一問題：既然已經是「諸神之爭」，每一個「神」都是神聖的上帝，問題不可避免就是：「能否以神的名義斷殺？既然每個神都是神聖的，還有何不許？」托爾斯泰也有他的「神」，像尼采和陀思妥耶夫斯基一樣，托爾斯泰也陷入了「諸神之爭」的悲劇性思想衝突。但托爾斯泰明確主張基督教道德論，看起來是一個純正的正教信仰，其實不過是異端基督教的現代表達——東正教形式的敵基督。

> 國家革命的「殺戮、良心允許的流血」與偽基督教、真佛教的托爾斯泰主義的東正教儀式派信徒的「不殺戮」、「勿抗惡」，都一樣淺薄、非宗教且褻瀆神明。在這兩個答案中，都聽不出問題的深度。（《灰馬》，見《病重的俄羅斯》，頁二一四）

對托爾斯泰有感覺、對陀思妥耶夫斯基卻沒有感覺的韋伯，是否還沒有從尼采和陀思妥耶夫斯基那裡聽出問題的深度？

梅烈日柯夫斯基從陀思妥耶夫斯基敞開現代性深淵出發，企圖推導一場精神的更新，所謂的象徵主義大概是這種精神更新的另一種運算式。民粹主義的社會小說及其文學批評是一種政治文化，象徵主義的精神更新訴求同樣以文學創作和文藝批評的形式成了一種政治文化。因而，象徵主義小說與社會小說和市民小說及其社會性文學批評的論爭格局的形成，就成了俄國現代思想史上的重大事件：知識人的「世紀末」精神應該面對的是宗教的深淵，而非獻身「神聖的泥土」。

梅氏的象徵主義主張看起來不過是一種文學追求，其實帶來的是社會思想和政治文化的轉向：別林斯基、赫爾岑、車爾尼雪夫斯基的文學批評就是政治寫作，其中瀰漫着或德國歷史主義或實證主義或社會民主主義的政治主張。梅烈日柯夫斯基的文學批評挑戰這些「舊的」文學批評，無異於挑戰德國思辨歷史主義和社會民主主義的政治想像，挑戰整個知識界精神上的「虛弱、貧瘠」、精神流浪漢「幽靈般的抽象、孤寂」。

梅烈日柯夫斯基發表《論俄國現代文學衰微的原因及各種文學新潮》之前，已經發表過以《象徵集》為名的詩集。發表這部「評論文集」之後（一八九五），梅烈日柯夫斯基加入以佳基洛夫（Sergej Djagilev）為中心的文人、藝術家圈子，成為其中的活躍人物。十九世紀最後一年，這個文人圈子辦起了一份同仁刊物《藝術世界》，正式打出象徵主義旗號。梅烈日柯夫斯基和他的才華橫溢而又情性賢淑的妻子吉皮烏斯（Z.N.Gippius）以及洛扎諾夫（V.V.Rozanov）、明斯基（N.M.Minskij）、彼科夫（P.P.Percov）等是主要編輯。梅烈日柯夫斯基六十多萬字的大著《托爾斯泰與陀思妥耶夫斯基》找不到出版商，乾脆在《藝術世界》上連載。

時光剛剛轉移到二十世紀，這個圈子中的一些人突然想到要搞一個宗教—哲學社。這一想法並非出於某種理論的精心設想，而是偶然來自某種精神感覺。一夥文人經常在一起閑扯，總會扯出些什麼名堂來。吉皮烏斯回憶說：「搞宗教—哲學社的想法不是誕生在洛扎諾夫家裡，而是誕生在我們的一些文學美學小組中。這些小組當時已經開始解體。純美學已經不能使人滿足。新的爭論和談話早就在進行。人們想把這些家庭式的爭論擴大——把彼此間的隔牆推倒。」【一】「托爾斯泰和陀思妥耶夫斯基把屠格涅夫從我們中間擠出去」

【一】吉皮烏斯，《往事如昨》，鄭體武、岳永紅譯，上海：學林出版社一九九八，頁一三七。圈子中的怪才洛扎諾夫在這件事情上大概起了主導作用，吉皮烏斯尤其在回憶洛扎諾夫時記敘了宗教—哲學社的事情。據梅烈日柯夫斯基說，辦宗教哲學社的想法，最早是吉皮烏斯提出的，「她還創辦了《新路》雜誌」（參見《自傳隨筆》，前揭，頁三七三）。按吉皮烏斯的記敘，辦宗教哲學社的想法是她與梅烈日柯夫斯基一次談話的結果（參見吉皮烏斯，《梅烈日柯夫斯基傳》，前揭，頁七六—七七）。不過，創辦宗教哲學社的具體時間，兩人說法不一：梅烈日柯夫斯基說是十九世紀的「九十年代末」，吉皮烏斯說是二十世紀的頭一年。

（梅烈日柯夫斯基語）後，年輕的文人、詩人便被宗教小說領到「尋求上帝」的路上。

這幫文人和詩人追求精神性的宗教，為什麼非要搞「宗教—哲學社」這樣的同仁團體？俄國是基督宗教的國家，上帝就在教會之中，還需要去「尋找」？

這幫文人和詩人並非不曉得上帝就在教會中，但他們無法接受「教訓人的教會」。神學——關於上帝的文化，對於他們來說「是一個新的、未知的世界」（吉皮烏斯語），充滿精神性的知識奧秘。既不願意進入「教訓人的教會」，又渴望進入上帝的文化（神學），吉皮烏斯想出了搞一個「半私人性質的」宗教—哲學社的主意，通過這種形式建立知識界與教會神學界的溝通渠道，在一個雙方都接受的空間一起探討上帝的文化。洛扎諾夫聯絡了教會神學界中的**私人朋友**，約請他們出面。「彼得堡宗教—哲學社」經教會當局批准成立，文人界和教會神學界人士可以自願參加，正副會長都是彼得堡的教會主教、神學院院長。梅烈日柯夫斯基圈子的文人把學社稱為「橋樑」，希望受「無神論」支配的文人界能向教會神學界邁出一步，與文化知識界隔絕的教會界也多少可以走出自身的封域。

學社成立後，梅烈日柯夫斯基家和洛扎諾夫家幾乎每星期天「熱鬧非凡，成了小型的宗教—哲學會議」；「開展活動才一年，宗教—哲學社便得到迅猛發展」（吉皮烏斯，《往事如昨》，頁一三八—一四一）。議題多由洛扎諾夫和梅烈日柯夫斯基擬定，諸如教會與知識人、教會與國家、教會與藝術、宗教與性、宗教與民族以及教會權威與信念自由的關係之類。這些議題表明，這群知識人關注的並非是**教會信仰**的現代命運，而是自身的**精神困惑**和俄羅斯思想文化的**精神抉擇**。[二] 在教會神學界看來，這樣的議題當然過於離譜。沒過多久，教會神學界發現，這幫文人、詩人（尤其洛扎諾夫）在聚會中發表的「宗教見解」有違正統教義，教會根本無法控制。「知識分子與教會之間並沒有發生『融合』，而是出現了對壘，且『世俗人』對教會人步步緊逼，大有降服他們之勢」（吉皮烏斯，《往事如昨》，頁一六二），教會當局只得決定解散學社。[三]

自由知識人與教會知識人的溝通就這樣失敗了。若干年後，這幫文人、詩人不甘心，

【一】 參Jutta Scherre, *Die Petersburger Religios*-Philiosophischen Vereinigungen: Die *Entwicklung des religiosen selbstverstandnisses ihrer Intelligencija Mitglieder* 1901-1917（《彼得堡宗教哲學社團及其知識人圈子的宗教性自我理解的發展》），Berlin 1973，頁三九—八五；亦參吉皮烏斯，《梅烈日柯夫斯基傳》，前揭，頁七七—九二。

【二】 為此梅烈日柯夫斯基對教會提出了嚴厲批評（參《托爾斯泰與陀思妥耶夫斯基》序言部分及《現在或永遠不》，見《病重的俄羅斯》）。不過，對教會當局的批判，不等於對教會理念本身（所謂不可見的教會）的批判。梅烈日柯夫斯基似乎區分了「教會」與「教堂」，「教堂」是不可見的教會的處所，參其《聖索菲婭》一文（見《病重的俄羅斯》）。

重新搞了一個「普通知識分子的社團」，不再與教會神學界合作，在政府註冊。這個「合法的、人數眾多的宗教—哲學社」拒絕「教訓人的教會」人士參加，但不拒絕認同這種自由知識人式的信仰追求的神職人員（吉皮烏斯，《往事如昨》，頁一七一）。【一】

彼得堡的**自由知識人的基督認信**遭到教會神學界拒絕，在知識界中的命運又怎樣呢？《論俄國現代文學衰微的原因及各種文學新潮》提出，「尋求上帝的文化」才是「真正的文化」。據說，「尋神派」的名稱由此而來。其實，「尋神派」並非這群文人自稱的，也不像今天人們以為的那樣是一種美譽。「尋神派」之稱是**敵對知識人圈子**對這夥知識人的挖苦：「社會民主黨人還杜撰出『造神者』和『尋神者』的荒唐分類」（吉皮烏斯，《往事如昨》，頁二二二）。對於知識界和文化界的許多人來說，在國家艱難、民不聊生的時代講求什麼「尋求上帝」、追求「自由」精神，無異於迴避現實問題、看不到人民的力量。俄國的問題，豈是可以脫離「神聖的泥土」解決得了的？所謂「尋神派」的稱呼，不過是說這幫文人不識時務。【二】然而，梅烈日柯夫斯基一幫文人要「尋求上帝」，恰恰因為社會民主黨人借「神聖的泥土」製造了新的「神」（人民）。在他們看來，社會民主主義才是真正的「造神派」，如此「造神」無異於玩危險的政治遊戲。早在一九一〇年，梅烈日柯夫斯基就告誡說：

盧那察爾斯基、巴扎洛夫、高爾基之流的聰明人知道，個把詞幹不了壞事，所以打算借上帝這個詞大書特書。但是，在這場遊戲中毫無經驗可言的人民卻可能相信真

【一】 彼得堡的宗教—哲學社帶動了莫斯科和基輔的知識人，那裡隨後也成立了宗教—哲學社。這些學會與彼得堡的第一屆宗教—哲學社一樣，是知識界與教會神學界的聯合體。莫斯科圈子的主導者是莫斯科大學政治經濟學教授布爾加柯夫，成員主要是大學教授和其他國家建制中的知識人。布爾加柯夫關心教義神學問題，著作大多帶有教義學思辨色彩，與莫斯科東正教教廷有密切聯繫，他本人還被選為教廷最高會議成員（參見筆者為布爾加柯夫《東正教神學綱要》中譯本〔香港：三聯書店一九九四〕寫的導言）。布爾加柯夫神學著作的中譯本還有《互古不滅之光》，王志耕、李春青譯，昆明：雲南人民出版社一九九九。基輔協會的主持人是基輔神學院院長，成員多為東正教界中較有自由思想趨向的神學家。也許因為這兩個學社中沒有多少像彼得堡圈子中那樣的自由職業的文人、詩人、藝術家、哲學家，或者沒有洛扎諾夫那樣的「怪人」，才沒有出現崩裂局面。不過，這兩個地方的宗教—哲學社的歷時和規模，都不及彼得堡的學社。

【二】 中國學界也有論者跟着社會民主黨人說「尋神派」思想家逃避現實，指責他們鑽進了「東正教經卷的故紙堆」，成了俄羅斯的民族文化保守主義者。其實，連別爾佳耶夫也承認，梅烈日柯夫斯基、舍斯托夫的視野很少盯住俄國文化，而是關切整體歐洲文化。

的有上帝或真的沒有上帝。到那時，個把詞就幹了壞事；到那時，正如歷史上曾無數次發生過的那樣，流淌的將不是墨水，而是血河，遊戲者將被抓住，在人民中、尤其在俄國人民中遊戲上帝，無異於在火藥庫玩火——是無神無人的遊戲。（《人心與獸心》，《病重的俄羅斯》，頁四六）

火真的在「神聖的泥土」上玩起來了。

十月革命之後，「人民的上帝」玩的「無神無人」遊戲解決了所有現實的問題，梅列日柯夫斯基們的象徵主義除了流亡，別無他途。

自由、革命與「民族情感的真理」

彼得堡宗教—哲學社的「文化基督教」受到教會界中的正統派和知識界中的社會民主派攻擊，都不值得奇怪。值得注意的倒是，即便在宗教—哲學社內部，對「宗教」的理解也充滿歧義和紛爭。籠統地說，這個圈子的知識人都與民粹主義—社會民主黨知識人的思想不和。然而，新宗教精神運動從來不是統一的思想運動，儘管這個圈子中的知識人都可以被稱為自由主義知識人。

一九〇四年，一批搞哲學的——當時被稱為**布爾加柯夫—別爾佳耶夫**「唯心主義者」圈子——加入到梅烈日柯夫斯基這夥文人圈子。這些哲學家們原來都不同程度信奉民粹主義或馬克思主義，受索洛維耶夫和梅烈日柯夫斯基影響才轉向宗教哲學。當時，梅烈日柯夫斯基夫婦打算去法國住幾年，他們辦的宗教雜誌《新路》需要人接手。梅烈日柯夫斯基覺得，雜誌「個人主義色彩太濃，社會氣息不足」，想乘此出國機會另外找人，恰好有朋友介紹布爾加柯夫和別爾佳耶夫，便交給他們主辦，指望「這些昔日的社會活動家（社會民主黨人）可以走向宗教」（吉皮烏斯，《往事如昨》，頁一四—一五）。

布爾加柯夫—別爾佳耶夫圈子走進梅烈日柯夫斯基圈子，似乎表明他們已經開始意識到，馬克思主義也是一種世俗宗教，想通過尋找「真正的」宗教來擺脱世俗的革命宗教。一九〇七年，別爾佳耶夫、布爾加柯夫、弗蘭克等一幫搞哲學的，出版了帶有自我批判、標明思想轉向的《路標集》，在知識界轟動一時。【二】弗蘭克的〈虛無主義的倫理學〉一

【一】 參見基斯嘉柯夫斯基等，《路標集》，彭甄、曾予平譯，昆明：雲南人民出版社一九九九。

文頗具代表性，這篇文章看起來在尖鋭批評俄國知識界的道德狀況，實際上也是對自己過去的批評。

弗蘭克説，當今俄國知識人喜歡大談道德，以道德衛士自居，似乎道德感在他們心中「佔據獨一無二的地位」，其實，這種「知識分子的道德主義只是其虛無主義的表現」。「道德主義」宣稱「一切為了人民」、為了祖國，知識人成了「人民」道德精神的化身，甚至乎成了一種「人民信仰」，卻沒有意識到，恰恰在這種人民化的過程中，知識人自己已經喪失了精神的高度和價值的絕對性訴求。【二】弗蘭克在文中一再引述尼采，似乎希望借「超人」精神——在弗蘭克看來這是一種「宗教情緒」——克服虛無主義。在弗蘭克的批判中，民粹主義和社會民主黨人一干人走向人民群眾、把知識人精神獻祭給「神聖的泥土」，無異於把「人性、太人性的」因素絕對化了。知識分子應該守護自己的精神高度——價值的絕對性，對精神高度的愛有如對「上帝國」的愛。有了這樣的愛，對「神聖的土地」以及所有地上的事物的看法就會全然不同了。

無論是對俄國知識界的批判，還是將尼采的「超人」精神與基督教思想結合起來，弗蘭克的見解聽起來都像是梅烈日柯夫斯基多年前出版的《托爾斯泰與陀思妥耶夫斯基》發出的聲音。

一九一〇年梅烈日柯夫斯基從國外回來，對「路標」行動不以為然。他寫了《病重的俄羅斯》，把「路標」派同頹廢派相提並論（參見《灰馬》，《病重的俄羅斯》，頁一五），還挖苦「一個過去的馬克思主義者、如今的『民族自由主義』者」（很可能指別爾佳耶夫）跟他「胡扯一通」，什麼有「一本關於俄國知識分子們的書正要把俄國知識界推向最後審判」（參見《低垂的頭》，《病重的俄羅斯》，頁三六）。顯然，在彼得堡的宗教—哲學社圈子，文人和哲學家並沒有在「宗教」和「自由精神」的旗幟下走到一起。新宗教精神運動圈子的知識人固然都與民粹主義—社會民主黨知識人劃清了界限，主張以**虔敬的**「自由」精神、而非「神聖的泥土」給知識人重新施洗，並不意味着這群知識人對「自由」和「宗教」的理解完全一致。

如果以為凡主張宗教的「自由」精神就是一夥的，肯定會搞錯。如何理解「宗教」與如何理解「自由」一樣，從來都是很可能產生思想分歧的地方。如果我們僅僅看到新宗教精神運動與教會神學界以及民粹主義—社會民主黨知識人的對立，忽視追求「宗教」的

【一】弗蘭克，《虛無主義的倫理學》，見氏著，《俄國知識人與精神偶像》，徐鳳林譯，上海：學林出版社一九九九，頁四八—五四。

「自由」精神的思想分歧，就會漏掉思想史上的一些重大問題。

別爾佳耶夫等人雖然受到梅烈日柯夫斯基精神氣質的影響，與梅烈日柯夫斯基一夥人一起搞研討會、辦學刊，別爾佳耶夫本人也相當欣佩梅烈日柯夫斯基的才華和博學，實際上，至少別爾佳耶夫不大看得起梅烈日柯夫斯基圈子的人，稱這幫文人不過是「搞文學的」，大多帶有「期待着讚揚自己詩作的詩人式自我中心主義」。【一】別爾佳耶夫所謂「詩人式自我中心主義」也並非亂說，看看勃留索夫的《自傳和回憶錄》（前揭）就清楚了。這些話聽起來像任何知識人圈子中都會有的文人間的齟齬，或國朝學界中人自己都可以想像的學者、文人相輕之類。

文人相輕的事情肯定會有，無論哪種類型的人攪在一起，都會產生磨擦。但是，如果把知識人之間實際存在的思想分歧和精神氣質上的重大差異統統歸結為文人相輕，顯然也說不通。

布爾加柯夫—別爾佳耶夫圈子本來是一群圍繞在索洛維耶夫思想遺產旁的形而上學家，索洛維耶夫是這幫人真正的精神教父。【二】索洛維耶夫比梅烈日柯夫斯基年長十餘歲，四十多歲的英年就與尼采在同一年下世。索洛維耶夫與梅烈日柯夫斯基都不是哲學科班出身，而是畢業於歷史語文學系（一在莫斯科大學、一在彼得堡大學），兩人的思想興趣同樣相當廣泛，但方向卻不同。索洛維耶夫是形而上學家，著述主要是**哲學和教義神學式的**，開創了**思辨化神秘主義**宗教哲學的思想方向，以主張一種新的神權政治哲學著稱。

梅烈日柯夫斯基開始寫作時，索洛維耶夫已經是學界甚至文化界名流，甚至受到**勃洛克**這樣的象徵主義詩人的崇拜，儘管據吉皮烏斯說，勃洛克根本與索洛維耶夫的宗教形而上學「格格不入」。事實上，梅烈日柯夫斯基在年輕時也感受到過索洛維耶夫思想對知識界帶來的精神衝擊（參見《一九一一—一九一三年版全集序言》，前揭，頁三七七；吉皮烏斯，《梅烈日柯夫斯基傳》，前揭，頁六三—六四）。但梅烈日柯夫斯基最終沒有追隨索洛維耶夫的宗教形而上學，而是進入了**文學性**言述領域，關注個體、身體、愛慾中的宗教品質。

這兩個人的思想和精神氣質差異是否僅僅是哲學與文學的差異呢？

【一】參見別爾佳耶夫，《自我認識：思想自傳》，雷永生譯，上海：三聯書店一九九七，頁一三〇及以下；亦參Helmut Dahm, *Grundzuge russischen Denkens*（《俄國思想家的基本特性》），München 1989，頁五〇—五九。

【二】屬於索洛維耶夫精神圈子的洛斯基在其流傳很廣的《俄國哲學史》中，給了索洛維耶夫近七十頁篇幅，充滿深情地記敘索洛維耶夫的思想生平，給梅烈日柯夫斯基的篇幅卻不到五頁。參洛斯基，《俄國哲學史》，賈澤林等譯，杭州：浙江人民出版社一九九九。

別爾佳耶夫是索洛維耶夫思想傳人，梅烈日柯夫斯基與他不和也就很自然了。別爾佳耶夫的哲學論著以高張具有宗教品質的「自由精神」聞名於世，梅烈日柯夫斯基的文學作品同樣高揚宗教品質的「自由精神」。在知識界的思想衝突現實中，兩人碰巧走到了一起，究竟是什麼原因使得這兩個人無法「私了」分歧，最終分道揚鑣，甚至要以公開信的方式決鬥？

別爾佳耶夫比梅烈日柯夫斯基小九歲，梅烈日柯夫斯基成名早於別爾佳耶夫。對別爾佳耶夫來說，索洛維耶夫和梅烈日柯夫斯基都算思想界的前輩。在圈子內，梅烈日柯夫斯基的威望當然高於別爾佳耶夫。但別爾佳耶夫也是青年才俊、哲學界鋭氣逼人的新秀。梅烈日柯夫斯基看不起他，是否因為妒嫉？

真正的才人不妒嫉才人。按別爾佳耶夫的説法，梅烈日柯夫斯基看不起他、對他一直心存偏見，總認為他的思想沒有脱離馬克思主義——吉皮烏斯在回憶中也説過，「他們（指別爾佳耶夫等。——引者注）的『社會民主黨』色彩還是太濃，我們的個人主義氣息還是太重」（吉皮烏斯，《往事如昨》，頁一五；亦參吉皮烏斯，《梅烈日柯夫斯基傳》，前揭，頁一六六——一六七）。其實，與別爾佳耶夫等人的精神領袖索洛維耶夫年輕時崇拜車爾尼雪夫斯基一樣，梅烈日柯夫斯基年輕時也信奉民粹社會主義，民粹派評論家米哈伊洛夫斯基和作家烏賓斯基曾經是梅烈日柯夫斯基的「兩位蒙師」。受他們影響，梅烈日柯夫斯基有一年夏天沿伏爾加河和卡馬河「徒步走鄉串戶，跟農民談話」；是以手抄本流傳的托爾斯泰的《懺悔錄》才把梅烈日柯夫斯基從「民粹主義」的「真理」中拉出來（參見《自傳隨筆》，前揭，頁三七一）。既然大家都曾經是民粹派的學生，梅烈日柯夫斯基與別爾佳耶夫一幫哲人不和，就不大可能是因為都曾有過的「火紅歲月」。分歧的關鍵可能在於，擺脱民粹派的影響後，應該走向哪裡？

從思想質料來看，索洛維耶夫深受謝林的思辨神學影響，以思辨唯心主義的思想質料來理解「自由」。【二】別爾佳耶夫繼承索洛維耶夫形而上學，轉向基督教後把「自由」作為自己思想的主導觀念，循思辨形而上學方向推進自由哲學，從比謝林更早的波默那裡發掘思辨神秘主義的思想質料。馬克思哲學所講的「自由」——精神的和關於未來完美社會的自由想像，通過黑格爾與波默的思辨神秘主義有深隱的內在聯繫。梅烈日柯夫斯基說別爾

【二】 關於謝林的自由哲學，參見海德格爾，《謝林論人類自由的本質》，薛華譯，瀋陽：遼寧教育出版社一九九九；亦參見古留加，《謝林傳》，賈澤林、蘇國勳等譯，北京：商務印書館一九九〇，頁一八七——二二〇及頁三二五以下。

佳耶夫的自由哲學還保留有馬克思哲學的印跡，看起來像馬克思自由哲學的思辨神學化，可能也沒有說錯。這種自由哲學絕非不可以想像的，如果人們記得薩特也大講自由哲學。

評論家們都說，梅烈日柯夫斯基的自由哲學是愛慾神秘論，與洛扎諾夫頗相近。洛扎諾夫的確特別關心**基督教與性**的關係：「洛扎諾夫的生命支柱是上帝和——世界及其肉體、性。」（吉皮烏斯，《往事如昨》，頁一四九）【一】把《約翰福音》第一言改為「太初有愛慾，愛慾就是上帝」，就是洛扎諾夫的創舉。但梅烈日柯夫斯基的思想真的與洛扎諾夫的愛慾基督教是一回事？梅烈日柯夫斯基曾經讚賞別爾佳耶夫不同於其他人，能清楚看到自己與洛扎諾夫「完全站在對立的末端」（《關於新的宗教活動》，見《病重的俄羅斯》頁八三）。但別爾佳耶夫仍然堅持認為，梅烈日柯夫斯基的宗教思想同樣注重身體和愛慾，是一種「**尼采式的基督教**」（參見別爾佳耶夫，《自我認識：思想自傳》，前揭，一三四——一三九）。如果別爾佳耶夫的言下之意是，自己的宗教思想是精神性的，因而與梅烈日柯夫斯基思想不和——有如精神與愛慾不和，似乎分歧僅僅在於以思辨神秘論抑或以尼采思想為基礎，恐怕就言過其實了。

無論思辨神秘主義化的還是愛慾神秘論的自由學說，倒是都與英國實證主義和功利主義的自由理念不同，前者是生存論的，**惡與意志**的關係是核心問題；後者是實證論的，哲學基礎是經驗主義和功利主義。英國功利主義哲學的自由觀絕非僅是一種政治主張，也是一種人生價值觀：這種價值論否認人生價值問題有可能最終獲得解決，主張人生意義的價值是個體自決的。在人生哲學的價值論問題和人類的政治問題上，前兩種自由學說與後一種自由主義完全異趣。索洛維耶夫也好，梅烈日柯夫斯基還是別爾佳耶夫也好，都明確拒絕經驗實證論和功利主義。[二] 晚期俄羅斯帝國時代的知識界，也不乏英國類型的自由主義。按伯林的看法，赫爾岑流亡後就成了這樣的自由主義者。[三] 既然梅烈日柯夫斯基與

[一] 關於洛扎諾夫的思想，參鄭體武，《洛扎諾夫其人其文》，見氏著，《危機與復興：白銀時代俄國文學論稿》，成都：四川文藝出版社一九九六，頁三二一—三四五。

[二] 索洛維耶夫對實證主義和功利主義哲學的批判，參見索洛維耶夫，《西方哲學的危機》，徐鳳林譯，杭州：浙江人民出版社二〇〇〇。

[三] 參見伯林，《穆勒與人生的目的》，見氏著，《自由四論》，陳曉林譯，臺北：聯經出版事業公司一九八六，頁二七九—三四〇；伯林，《赫爾岑與巴枯寧論個人自由》，見《俄國思想家》，前揭，頁一〇九—一五二。關於俄國晚期帝國時代的自由主義更詳細的研究，參Gischer, *Russian Liberalism: From Gentry to Intelligentsia*（《俄國自由主義：從紳士到知識分子》），Cambridge Mass.1958; Victor Leontowitsch, *Geschichte des Liberalismas in Russland*（《俄國自由主義史》），Frankfurt/Main 1975。

索洛維耶夫—別爾佳耶夫的自由哲學不同，而這兩種自由主義又都與英式自由主義不同，當時的俄國思想界就至少已經有三種不同的自由主義。

如果把不同類型的「自由」理念混為一談，對一些思想史上的重大問題就會稀裡糊塗。但是，曉得了別爾佳耶夫與梅烈日柯夫斯基的自由理念不是一回事，兩人之間思想分歧的真相還沒有大白。可以肯定，別爾佳耶夫從馬克思主義轉向基督教不是假的，而且，與梅烈日柯夫斯基一樣，別爾佳耶夫「尋找上帝」是為了解答俄羅斯思想面臨的精神抉擇問題。也許，兩人的分歧來自如何理解俄羅斯思想本身以及俄國知識人在現代性問題中的精神決斷的實質。倘若如此，要搞清楚兩人之間分歧的要害，還得先瞭解俄國知識人精神的現代性處境。

伊萬諾夫（Wjatscheslaw Iwanov, 1866-1949）同梅烈日柯夫斯基年歲差不多，據說在當時的圈子中也算個全才，不僅詩寫得好、懂哲學，在語言學甚至某些自然科學方面還頗有造詣，不像索洛維耶夫，雖能寫詩，卻算不上高手，也不像別爾佳耶夫那樣的哲學家，對文學基本上沒有感覺，或者像勃洛克、別雷一類詩人，對哲學只曉得道聽途說。一九〇九年，伊萬諾夫發表了《論俄羅斯思想》一文，從中也許可以看到這些「尋找上帝」的文人和哲學家們究竟面臨着什麼樣的精神處境。

無論過去還是現在，在我們歷史道路的每一轉彎處，在面對亘古就有的、好像完全是俄國的問題（個人與社會、文化與天性、知識分子與民眾問題）時，我們要解決的始終是一個問題——我們民族的自我規定問題，我們在痛苦中誕生的整個民族靈魂的終極形式，即俄羅斯思想。

現代性不過是**歷史道路**的一個轉彎處，俄羅斯知識人如今走到了自己時代的轉彎處。然而，所謂「亘古就有的」問題現在具體成了什麼樣的問題？

伊萬諾夫馬上引述了幾年前自己在日俄戰爭爆發時寫的文字來說明這一問題：

> 戰爭是民族自我意識的試金石和對精神的考驗，與其說是考驗對外力量和內部文化，莫如說是考驗集合性個性自我確認能力的內在能量，黃色亞洲勇於承擔為它準備的任務——考驗歐洲精神：它的基督是否活在自己心裡和對它起作用？

從這段文字來看，在日俄戰爭之前，經歷過彼得大帝的改革開放後的俄國知識界本來似乎已經恢復了民族精神的自信。一八八〇年，陀思妥耶夫斯基在莫斯科的普希金紀念像落成典禮上發表的著名《紀念普希金講演》，就是一個證明。【一】在這篇後來被看作其「精神遺囑」的臨終講演中，陀思妥耶夫斯基代表俄國知識人表達了如下宏願：

我們這一代人和未來的俄國人將懂得如何做一個俄國人，其含義就在於：努力使得歐洲的諸種矛盾得到化解，在自己俄國的心靈裡指出歐洲苦悶的出路，把各個弟兄間的兄弟情誼帶進心靈之中，最後按照基督福音的教導使各個民族間達到普遍的和諧。（《普希金講演》，見索洛維耶夫等，《俄羅斯思想》，前揭，頁一二三）

陀思妥耶夫斯基講演後，雖然出現了一些異議，俄國知識界的反映大體上是興奮的。陀思妥耶夫斯基發表《紀念普希金講演》後的第二年就去了，索洛維耶夫相當激動地連續作了三次《紀念陀思妥耶夫斯基的講演》（一八八一——一八八三），從哲學上闡釋陀思妥耶夫斯基表達的宏願。【二】二十多年過去了，與中國知識人遭遇的情形一樣，亞洲的日本人似乎讓俄國知識人第一次感受到民族精神的破碎。伊萬諾夫在文章中繼續寫道：

俄國確實不聲不響地意識到，強大的敵國的靈體有其內在固有的和諧，能最大限度調動其所有力量；我們的集合性靈體無和諧可言，內部四分五裂、軟弱無力。因為我們的集合性靈體在自己混沌污濁的水面上，聽不到聖靈臨近的聲音；俄國人的心靈也不善於在十字路口下定決心、選擇道路——既不敢騎上野獸，高舉起野獸的權杖，也不敢完全戴起耶穌的輕枷。（伊萬諾夫，《論俄羅斯思想》，見索洛維耶夫等，《俄羅斯思想》，前揭，頁二一八—二二一）

怎麼辦？投身「人民」、把知識人的教養變成「全民藝術」，不再區分精神的高度與「神聖的泥土」，以便形成民族的「集合性靈體」內部強固的和諧？

伊萬諾夫尤其提到**民眾與知識人**的關係，恐怕不是偶然，因為這問題「繼續困擾着我們的**社會良心**」。所謂「文化」問題——二十世紀漢語知識界同樣多次出現過的問題——對於伊萬諾夫來說，實質上就是如何重新集聚**民族的精神和土地**這兩方面的力量。對於這

【一】　中譯見索洛維耶夫等，《俄羅斯思想》，賈澤林、李樹柏譯，杭州：浙江人民出版社二〇〇〇，頁一一三—一二五（可惜不是全譯）。

【二】　索洛維耶夫，《紀念陀思妥耶夫斯基的三篇講話》，見索洛維耶夫，《神人類講座》，張百春譯，北京：華夏出版社二〇〇〇，頁二一二—二四三。

幫所謂自由主義者來說，既然已經拒絕了「神聖的泥土」，除了建構一個形而上的精神王國，還有別的什麼辦法嗎？伊萬諾夫果然想出了所謂「民族思想」的提法，而且承認「陀思妥耶夫斯基和尼采是我們心靈的兩個新主宰」。但從這兩個精神新主宰中，伊萬諾夫看到的是調和「土地」與「精神」、民族主義與自由主義的可能性。

這是否就是所謂的「民族自由主義」？梅烈日柯夫斯基挖苦「一位過去的馬克思主義者」如今成了「民族自由主義者」，說明他討厭這種自由主義。

伊萬諾夫的檄文至少反映出這樣的精神處境：陀思妥耶夫斯基的宏願在十九世紀末曾經激動過好多俄國知識人的心靈，如今卻變成了一個問題。認真說來，陀思妥耶夫斯基才是精神更新運動的真正始祖。不僅梅烈日柯夫斯基和索洛維耶夫，幾乎白銀時代所有活躍的文人和思想家，都置身在陀思妥耶夫斯基精神的陰影下。陀思妥耶夫斯基發表《紀念普希金講演》時，梅烈日柯夫斯基還是個少年，待到成年後，他同樣接二連三書寫陀思妥耶夫斯基。別爾佳耶夫說，俄國現代精神的歷史被陀思妥耶夫斯基截成兩段，確實沒有半點誇張：二十世紀初出現的新宗教精神的代表人物（梅烈日柯夫斯基、舍斯托夫、伊萬諾夫），無不以陀思妥耶夫斯基為精神尺度，統統是他的「心靈之子」。【二】說這話的別爾佳耶夫本人也不例外，與他一夥的哲學圈子人，幾乎都寫過論述陀思妥耶夫斯基的論著或論文。

然而，陀思妥耶夫斯基是新的**精神偶像**抑或現代性精神困境的表徵？

索洛維耶夫和梅烈日柯夫斯基的思想靈感都來源於陀思妥耶夫斯基，都以解釋陀思妥耶夫斯基開始形成自己的思想，又依各自不同的思想個性分別提出了理解陀思妥耶夫斯基宗教思想的方向，根本的精神動因則是對俄羅斯思想在現代處境中的精神抉擇的理解。

索洛維耶夫在紀念陀思妥耶夫斯基的講演中，一開始就把陀思妥耶夫斯基當作可以依靠的復興民族精神的先知。索洛維耶夫提醒人們，陀思妥耶夫斯基曾經是一個搞秘密恐怖活動的革命者，後來他的思想發生了徹底的改變，成了一個宗教性的先知。索洛維耶夫進而呼籲，俄羅斯的新知識人應該在陀思妥耶夫斯基精神的指引下，去把握「民族情感的真理」。

人們會想，陀思妥耶夫斯基本人又是如何把握到「民族情感的真理」的呢？索洛維耶夫大概估計到人們會產生這樣的問題，於是預先作了回答：陀思妥耶夫斯基

【一】 參見別爾佳耶夫，《陀思妥耶夫斯基》，孟祥森譯，臺北：時報出版社一九八六，頁一九四。

從被人們視為刁民一類的平民百姓身上把握到了「民族情感的真理」。

在死屋的恐懼中，陀思妥耶夫斯基第一次有意識地遇到了民族情感的真理，並藉此清楚地看到自己的革命企圖的荒謬。陀思妥耶夫斯基在獄中的同事絕大多數來自平民百姓，除了很少的幾個突出的例外，他們都是百姓中最壞的人。但就是這些平民百姓中最壞的人通常都保存着知識分子中最好的人所喪失的東西：對上帝的信仰和對自己的罪惡的意識。這些罪犯是因自己的蠢事而從大眾中被分離出來的，但在自己的情感和觀點上，在宗教世界觀上，他們與其他大眾沒有任何區別。在死屋裡，陀思妥耶夫斯基發現了真正的「窮人」（用百姓的說法是不幸的人）。……死屋裡最壞的人把陀思妥耶夫斯基被知識分子中最好的人所奪去的東西還給了他。如果在啟蒙代表中間，宗教情感的殘跡迫使陀思妥耶夫斯基因先進文學家的瀆神行為而恐懼的話，那麼，在死屋裡，這個宗教情感應該在苦役犯恭順的和虔誠的信仰影響下復活和新生。這些人彷彿被教會遺忘了，被國家所排擠，但他們信教會，也不否定國家。在最艱難的時刻，在這個殘暴而兇狠的苦役犯人群之外，在陀思妥耶夫斯基的記憶裡出現了一個莊嚴、溫順，滿懷愛意地鼓舞着驚慌失措的小少爺的農奴馬卡里的形象。陀思妥耶夫斯基感覺到並理解了，在這個最高的神的真理面前，任何自己想出來的真理都是謊言，把這個謊言強加給別人的企圖，就是犯罪。（《紀念陀思妥耶夫斯基的三篇講話》，前揭，頁二二〇—二二一）

這段話不僅堪稱索洛維耶夫對陀思妥耶夫斯基的解釋的菁華所在，也是理解索洛維耶夫本人相當思辨化——相當費解的思想的要津。知識人需要從社會民主的革命思想轉向宗教信仰，以便把握「民族情感的真理」，但知識人早已經喪失了宗教信仰，他們需要像陀思妥耶夫斯基那樣，從那些表面上看起來「最壞」的犯罪百姓身上重新獲得宗教信仰。陀思妥耶夫斯基之所以有資格成為俄羅斯新知識人的「先知」，關鍵在於「死屋裡最壞的人把陀思妥耶夫斯基被知識分子中最好的人所奪去的東西還給了他」。人們難道還看不出，索洛維耶夫在這裡天才地、不同凡響地解釋了陀思妥耶夫斯基《紀念普希金講演》中隱含的思想。

並不需要等到日本人用武力來刺激俄國知識人，陀思妥耶夫斯基對於梅烈日柯夫斯基就已經是精神困惑的表徵，而非精神偶像。換言之，「死屋裡最壞的人把陀思妥耶夫斯基被知識分子中最好的人所奪去的東西還給了他」，在梅烈日柯夫斯基看來，與其說是先知般的啟示，不如說是**魔鬼的誘惑**。如果非要說陀思妥耶夫斯基是先知，那他只能被稱為

「革命的先知」。

什麼樣的「革命的先知」？搞清楚這一問題，大概是澄清梅烈日柯夫斯基與索洛維耶夫——別爾佳耶夫之間分歧的關鍵所在。

陀思妥耶夫斯基的《紀念普希金講演》聽起來信仰堅定、觀點明確，其實思想相當混亂。按陀思妥耶夫斯基自己的歸納，講演的要點在於，通過解釋普希金提出俄羅斯精神的現時代使命：

普希金第一個以自己深邃的目光、天才的智慧、純潔的俄羅斯心靈找到並指出了我國在歷史上一貫脱離社會基礎、高踞人民之上的知識界最重要和最病態的現象。他把我國的那種反面人物類型揭示給我們看，這是一種漂浮不定和缺乏寬容精神的人，不相信本國的基礎和力量，不相信俄羅斯和自我。……

普希金具有除他以外任何人都不具有的特質和天才——他對全世界都抱有悲憫的同情心。……這一特性是地道俄國式的、民族的，普希金只不過和所有俄國人一道擁有了它。由於普希金是一貫極為完美的藝術家，他也因此成為這一特性完美的表達者。我國人民在內心裡埋藏着普世同情心和忍讓精神，從彼得改革起的兩百年間已經

不止一次地表現出來。（《紀念普希金講演》，見索洛維耶夫等，《俄羅斯思想》，前揭，頁一一五）

操心俄羅斯民族的身份，是彼得大帝改革開放以來俄國知識界議論的主要話題之一。即便提出俄羅斯精神的獨特時代使命，也不是陀思妥耶夫斯基獨到的感覺，西化派與斯拉夫派一直在論爭這樣的問題。因此，奇妙的並非在於，作為德高望重的大作家，陀思妥耶夫斯基在臨終講演中明確宣稱自己是斯拉夫主義者，而在於他宣稱：看到西方啟蒙思想宣揚的人道精神本是俄羅斯民族早已經具有的精神品質，才算真正的斯拉夫主義者。言下之意，啟蒙精神的精髓不過就是要知識人成為平民百姓的追隨者，而俄羅斯的宗教精神早就如此了，明白這一點，西化派與斯拉夫派之間還有什麼必要爭執不休呢？斯拉夫派不曉得，自己固守的精神其實就是西方現代的啟蒙精神，西化派則不清楚，自己宣揚的啟蒙精神不過就是俄羅斯平民百姓身上的宗教虔誠中已經有的精神。所以，陀思妥耶夫斯基謙虛地說：

> 這一新說法帶來的成績並不屬於我一個人，而屬於整個斯拉夫主義……如果西方主義者採納我的結論並贊同這些結論，兩派間的所有誤解都將煙消雲散。（《紀念普

希金講演》，見索洛維耶夫等，《俄羅斯思想》，頁一一六）

陀思妥耶夫斯基的《紀念普希金講演》沒有讓梅烈日柯夫斯基像索洛維耶夫那樣激動，而是令他感到憤怒。在紀念陀思妥耶夫斯基逝世二十五週年的講演（一九〇六，值得提到，時值日俄戰事之後）中，梅烈日柯夫斯基開場就說到要害：陀思妥耶夫斯基把所謂真正西方的人道精神說成俄國的民族性精神，然後藉普希金這樣的民族精神的「脊樑」給俄羅斯農民施洗——「不在教堂，而在田野，不用聖水，而用神聖的泥土」，不過表明這位老人在精神怯懦中想逃進想像的農民東正教去找尋安慰。

在這終極未來的、沒有實現但可能實現的農民階級與基督教、關於土地真理與天空真理的結合中，蘊含着農夫馬列伊的宗教力量。……〔俄羅斯〕農民階級是基督教徒，或也許相反：基督教徒是〔俄羅斯〕農民階級。不是老態的、國家的、拜占廷的、希臘——俄羅斯的，而是年輕的、自由的、民族的、農夫的基督教，方為「正教」。此為陀思妥耶夫斯基的基本思想。（《革命的先知》，見《先知》，頁五）

陀思妥耶夫斯基讚美普希金的那些話，聽起來就像在讚美自己。人們不是可以在其小說中找到他賦予普希金的那些精神品質嗎？陀思妥耶夫斯基的小說不正是「把我國的那種反面人物類型揭示給我們看」，同時又塑造出一些「地道俄國式的、民族的」人物，以展示「對全世界都抱有悲憫的同情心」嗎？

索洛維耶夫為陀思妥耶夫斯基的說法激動，要從古老的俄羅斯正教傳統中發掘出真正神秘的基督教要素，而這些要素竟然被近代西方思想不要臉地說成了自己的精神品質。俄國與西方的精神衝突就這樣被克服了，或者說，西方現代精神就這樣被古老的羅斯精神「超越」了。這是不是有點像二十世紀的新儒家？要「創造性地轉化」儒家精神的現代儒生沒有發現這樣的陀思妥耶夫斯基，實在是一大憾事。

梅烈日柯夫斯基年輕時也相信過陀思妥耶夫斯基—索洛維耶夫關於俄羅斯精神的傳說，但當他用自己的眼睛來看的時候，就看出陀思妥耶夫斯基的小說與其「臨終講演」並不協調，「像在拜倫式的典型人物身上一樣，在陀思妥耶夫斯基的主人公身上同樣有着對芸芸眾生的仇恨」。比如，在拉斯柯爾尼科夫身上，對人民的倨傲和蔑視就充分體現出來。拉斯柯爾尼科夫有一種「兇猛、落落寡歡、同時又是帝王的性格」，認為自己有權像撚死蝨子那樣殺人，「以詛咒民眾而自豪」（《永恒的旅伴》，頁二〇一）。

這不正是在揭露「一貫脱離社會基礎、高踞人民之上的知識界最重要和最病態的現象」，「把我國的那種反面人物類型揭示給我們看」？

倘若如此，《罪與罰》中提出的精神衝突問題馬上就失去了尖鋭性，其「超人」理念也就不可能與尼采問題相提並論。要麼「臨終講演」中對農民溫順的讚美是真的，要麼拉斯柯爾尼科夫對人民的倨傲和蔑視是真的。到底哪一個是真的，抑或兩者都是真的？

寓言式的「宗教大法官」傳説可以幫助人們判定哪一個可能性是真的。

這一著名的「傳説」講的是「自由與服從」這一所謂霍布斯論題。其中説到，芸芸眾生寧要服從和麵包，也不要自由。究竟誰需要自由？那個掌握權力和統治秘術的「宗教大法官」究竟是誰？「傳説」中所講的自由與麵包「兩者不可兼得」，是不是在神權政治與民主政治的對立中為前者辯護？難道農民基督教不是神權政治的另一面？農民的溫順與國家教會的專制不是剛好契合？「宗教大法官」在伊凡與佐西馬長老的對立中究竟意味着什麼？陀思妥耶夫斯基的小説喜歡用某個人物形象來代表某種「主義」，為什麼「宗教大法官」恰恰是個隱身人物，在小説中沒有化身？

如果把這「傳説」與「臨終講演」加以對照，情形是否會是這樣：為了從根本上穩住俄羅斯精神傳統的腳跟，陀思妥耶夫斯基不得不回到傳統的正教；鑒於現代西方的精神已經不可能承認神權政治，於是，陀思妥耶夫斯基便編造出一種**農民式**（等於**俄羅斯式**）的溫順基督教傳統，然後把它說成真正的啟蒙精神？

可是，「宗教大法官」傳說中，伊凡顯得推進了拉斯柯爾尼科夫的立場，與後者相比，伊凡的獨白更雄辯、更尖銳、更深刻，調門自然更高，信念更堅定。在《罪與罰》的結尾處，拉斯柯爾尼科夫魔心的寒冷似乎已經被索尼婭的愛心暖和過來了，如今看來倒像是個「光明的尾巴」，成了敗筆。

還有一種可能：「宗教大法官」的敍事是攻擊羅馬天主教的神權政治。

這種解釋有兩個困難。即便在神聖羅馬帝國，教權與皇權從來沒有像東方正教那樣結合得如此緊密。到古老的東方教堂看一下就知道，裡面安葬了多少皇帝，這在大公教是不可能有的事情。

再有，「宗教大法官」傳說是伊凡自稱編造的一篇「荒唐的東西」，或者說他講的一個寓意故事——就像柏拉圖筆下的蘇格拉底**講真話**時喜歡宣稱的「荒唐故事」。換言之，在「宗教大法官」傳說中，陀思妥耶夫斯基很可能戴着伊凡面具說了自己想說而不便說的話。如果認真體味、對比整個文本脈絡中由雙重引號**交織而成的伊凡獨白**，情形也可能就成了這樣：伊凡是**成熟了**的拉斯柯爾尼科夫，這意味着對人民的仇恨和輕蔑也變得成熟起來，不會再像拉斯柯爾尼科夫那樣**明目張膽**輕蔑人民。伊凡顯然對人民有深摯的同情，卻又通過「荒唐故事」暗示芸芸眾生離不開**超人的極權統治（神權政治）**。於是，在「荒唐故事」背景中出現的對芸芸眾生的溫順的頌揚激情，顯得像具有煽動性的**宗教義憤**。

梅烈日柯夫斯基就是如此體味的：陀思妥耶夫斯基的作品可能是「俄羅斯宗教革命發出的第一個預言性真言」。從表面上看，芸芸眾生的溫順與神權政治相互需要、相互支援，但「神權思想自內是最偉大的秩序、權力、和諧，自外將是最偉大的暴動、起義和無政府狀態」（《革命的先知》，見《先知》，頁四八；亦參梅烈日柯夫斯基對比宗教大法官和高爾基筆下的盧卡長老時的論述，參《契訶夫與高爾基》，見《先知》，頁三二七—三三三）。鑒於「地道俄國式的、民族的」正教在陀思妥耶夫斯基眼裡恰恰就是**農民基督教**，宗教革命就會是**農民革命**。索洛維耶夫所讚頌的陀思妥耶夫斯基在「死屋」中的覺醒，並非是從知識人的**密謀革命**轉向了農民的溫順，而是從知識人的革命轉向了農民革命。陀思妥耶夫斯基把「高踞人民之上」說成「知識界最重要和最病態的現象」，要知識階層改邪歸正，回到人民中間，無異於號召他們當**農民革命領袖**。

倘若如此，陀思妥耶夫斯基怎麼可能宣稱其精神理想是「對全世界都抱有悲憫的同情心」？他「怎麼可以不說出這真言？怎麼可以把自己偉大的真理掩蓋在偉大的謊言之下？

把自己的宗教革命掩蓋在政治革命之下？把神聖的反抗者——佐西馬長老的真面目掩蓋在可詛咒的強權者——宗教大法官的假面目之下」（《革命的先知》，見《先知》，頁五一）？梅烈日柯夫斯基從小嗜讀書，上中學時就開始寫詩。他父親拿不準這兒子是否真有文才，牽十四歲的梅烈日柯夫斯基去見陀思妥耶夫斯基，請大師給兒子看才相。大師「那雙淺灰色的眼睛射出洞察一切的犀利目光」，看不出這少年有什麼前途，就對他說，「要想寫得好，得經受折磨，吃苦頭」（《自傳隨筆》，前揭，頁三六九）。在陀思妥耶夫斯基的謊言中，梅烈日柯夫斯基經受折磨，嘗到了苦頭。

在陀思妥耶夫斯基—索洛維耶夫看到「民族情感的真理」的地方，梅烈日柯夫斯基看到的是**全民暴動**的民族情感。下面這段話寫在一九〇六年，而非一九一八年以後，讓人不得不承認梅烈日柯夫斯基的感覺過於銳利：

> 農夫馬列伊的力量在土地；而土地離開他去了某個地方。「沒有土地」——這曾經悄聲的抱怨變得越來越響亮，終於變成偉大俄羅斯革命中農民及全民暴動的絕望哀號和怒吼。土地在哀號，而天空不聞。土地浸滿了血，而天空被火光照得要麼漆黑要麼鮮紅。基督教走上天空，拋棄了土地；而農民階級對土地真理絕望了，並且準備對

天空絕望。土地，沒有天空，天空，沒有土地；地與天威脅要在一種無限混亂中合為一體。那麼，有誰知道，這混亂之底、這在地與天之間和農民階級與基督教徒之間挖出的深淵之底在哪裡？

從這基本的錯誤中，引發出陀思妥耶夫斯基所有別的欺騙和自欺。（《革命的先知》，見《先知》，頁六）

索洛維耶夫為什麼就想不到這裡來？難道在這一「大秘密」上他們兩個人是一夥？梅烈日柯夫斯基也許並不曉得，陀思妥耶夫斯基的「宗教大法官」傳說的構想，其實來自索洛維耶夫。

《卡拉馬佐夫兄弟》是一八七九年開始在刊物上連載的。在此之前的兩年，也就是一八七七年的頭幾個月，索洛維耶夫到彼得堡作了初次展露自己思想體系的「神人類講座」。陀思妥耶夫斯基每場必到，傾聽這位天才的青年哲學家闡述其宗教世界觀。在接下來的一年，陀思妥耶夫斯基遇到愛子夭折的不幸，精神受到極大打擊，差點無法再支撐自己。就在這年夏天，陀思妥耶夫斯基與索洛維耶夫一起到一家修道院住了幾天，並同索洛維耶夫談起新的寫作構想。據說，索洛維耶夫的神人類論思想給了陀思妥耶夫斯基精神上

很大支撐。【一】

梅烈日柯夫斯基是否知道這事，並不重要。甚至「宗教大法官」傳說的構想是否真的來自索洛維耶夫的神人類思想，也不重要。重要的是，可以理解，梅烈日柯夫斯基為什麼對自稱陀思妥耶夫斯基學生的索洛維耶夫的思辨哲學──神學沒有興趣，還對追隨索洛維耶夫的形而上學家們心存芥蒂。

【一】參Wladimir Szylkarski, *Messianismus und Apokalyptik bei Dostojewskij und Solowjew*（《陀思妥耶夫斯基與索洛維耶夫的彌賽亞主義和啟示論》），見Antanas Maceina, *Der Grossinquisitor: Geschichtsphilosophische Deutung der Legende Dostojewskijs*（《宗教大法官：陀思妥耶夫斯基傳說的歷史哲學解釋》），Heidelberg 1952，頁二九八──二三〇。索洛維耶夫去彼得堡開「神人類講座」的時間，一說在一八七八年，參見索洛維耶夫《神人類講座》中譯者前言，前揭，頁三一。

十月革命剛剛發生，似懂非懂地接受了索洛維耶夫思想的象徵派大詩人勃洛克馬上敏銳而正確地說：「『各國人民之間的和平與博愛』──俄羅斯革命正是在這個標誌下進行的。」參見勃洛克，《知識分子與革命》，前揭，頁一六二。勃洛克是出色的詩人，但韋伯說，許多大詩人思想上糊糊一糰。與這裡討論的問題相關，勃洛克當年批評梅烈日柯夫斯基的短文《「宗教探索」與人民》（見前揭書，頁四五──五四），也許證明韋伯言之有理。韋伯還說，「一九一四年的德國完全是文學的產物」；不曉得一九一八年的俄國是否某種程度上也如此。

撇開陀思妥耶夫斯基不談，僅就索洛維耶夫的「神人類」學說而論，梅烈日柯夫斯基也感到其中蘊藏着可能連索洛維耶夫自己都沒有意識到的宗教性革命因素，因為，在俄國歷史上，某種神秘主義宗教學說不止一次發展成宗教知識人領導下的暴民和無賴的革命：共濟會會員、馬丁派神秘教徒及十八世紀末到十九世紀初的其他神秘主義者與十二月黨人具有最緊密的內在聯繫；「俄國的『無神論』只是俄國神秘主義相反的、含混的和無意識的形式，也許，是魔鬼的、對立的、錯誤的宗教，但仍然始終是宗教」（《現在或永遠不》，見《病重的俄羅斯》，頁五九）。梅烈日柯夫斯基曾經挖苦的「一位正在研究東正教義的當代學者」，大概也是索洛維耶夫學說的某個精神繼承人：

> 從普希金和十二月黨人、到懺悔的革命者、再到杜勃羅留波夫和這位研究教義的學者，難道沒有一條隱秘的線索，一種俄國宗教精神最深刻的傾斜——從基督教到佛教，從宗教生命到宗教死亡，從復活到埋葬？（《低垂的頭》，見《病重的俄羅斯》，頁三九）

梅烈日柯夫斯基不信任布爾加柯夫—別爾佳耶夫圈子，根本上說，是因為他深刻懷疑索洛維耶夫的**神權政治**學說。索洛維耶夫是研究西學出身，但他深入西學是為了重建**俄學**、恢復**俄心**。神權政治學說採用黑格爾的歷史哲學框架，把歷史分成三個發展階段——異教階段、基督教階段、神權政治階段，神權政治的實現，將是未來社會的理想形態。這一未來的神權政治的雛形或者說胚芽，據說已經在傳統的俄羅斯正教之中了，儘管東正教在歷史三階段的進程中也得經受辯證的揚棄。【一】按索洛維耶夫的如此設想，神權政治學說便解決了俄羅斯民族在現代處境中面臨的歷史哲學問題。

梅烈日柯夫斯基的思想同樣有三段式的歷史哲學框架——尼采也有，如此框架是十九世紀思想的**世紀病**。問題並非在於三段式的歷史哲學框架本身，而在於如何設定框架以及**如何鎖定**涉及民族、國家、統治權力一類的政治問題和涉及生命、精神、美德之類的倫理問題。在現代性引致的歷史哲學面前，梅烈日柯夫斯基想到的是人類的普遍深淵，俄羅斯的命運不過是如此深淵中的一個實例。因此，正如即將看到的那樣，在梅烈日柯夫斯基的三段式歷史哲學框架中，突顯的不是**未來的**、**解決了一切塵世問題**的神權政治理想，而是

【一】索洛維耶夫的神權政治學說，除《神人類講座》，還可參見《神權政治的歷史和未來》，錢一鵬、高薇、尹永波譯，北京：華夏出版社二〇〇一。

作為永恒現在的深淵處境。

在梅烈日柯夫斯基心目中，索洛維耶夫—別爾佳耶夫的神秘主義形而上學繼承了陀思妥耶夫斯基小說中的**魔鬼精神**，企圖靠人的思辨理性設想出來的神權政治或宗教革命一勞**永逸**解決人類的根本問題。陀思妥耶夫斯基小說中的**基督精神**根本與神權政治論或神秘主義形而上學格格不入，這一精神只有**索尼婭**才意識到了：「生活**極其困難複雜**……不能昧着良心只靠理論去解答。」（《永恒的旅伴》，頁二〇七）神秘主義道德形而上學或**歷史主義**神權政治論像拉斯柯爾尼科夫的道德「算數」一樣荒謬，形而上學家在做自己的算數題時犯一個小小錯誤，無數無辜的人就會死於非命。別爾佳耶夫跟隨索洛維耶夫宣揚「神權政治是愛和自由的王國」，梅烈日柯夫斯基反駁說：

> 對於我們這些參與第三約、第三精神王國的人來說，在國家政權中沒有並且也不可能有任何積極的宗教因素。對我們來說，國家和基督教之間不可能有任何聯合、任何和解：「基督教國家」——真是駭人聽聞的奇談怪論。基督教是神而人的宗教；在任何國家體制基礎裡或多或少都有自覺的人而神的宗教。舊的、歷史的教會總服從於國家或轉變為國家，新的、永恒的、真正的全體基督教的教會與國家對立，就像絕對

真理與絕對謊言的對立，上帝的國與魔鬼的國、神權政治與民主政治的對立。（《關於新的宗教活動》，見《病重的俄羅斯》，頁八四——八五）

已經很清楚：索洛維耶夫及其精神繼承人希望從陀思妥耶夫斯基那裡發展出一套關於俄羅斯精神獨特性的「傳說」，對於梅烈日柯夫斯基來說，這種想法不僅不可能，而且令人覺得恐怖。陀思妥耶夫斯基思想異常複雜、矛盾，這是明擺着的。【二】陀思妥耶夫斯基「有兩張面孔——宗教大法官、反基督的先知和佐西馬長老、基督的先知。而且誰都不能斷定，有時候連陀思妥耶夫斯基也不知道，這兩張面孔中哪一個真，哪裡是真面，哪裡是假面」（《革命的先知》，見《先知》，頁四）。陀思妥耶夫斯基預感到「未來的基督」，又以最可怕的敵基督方式對抗未來的基督，從這種矛盾的思想中，能直接發展出一種「民族情感的真理」嗎？

陀思妥耶夫斯基的宗教思想已經後—現代了，「白銀時期」的精神更新運動意味着新

【二】R. Lauth在其著的導言中列舉的僅只一隅，參R. Lauth，《陀思妥耶夫斯基哲學：系統論述》，沈真等譯，北京：東方出版社一九九六，頁三。

一代知識人面臨新的思想難題：如何理解並確定自己的**精神位置**。如何理解陀思妥耶夫斯基，根本上是如何**理解自己**；理解陀思妥耶夫斯基的分歧，就是這代新知識人精神的自我理解的分歧。別爾佳耶夫整天高呼「擺脱精神的奴役」，卻沒有認真考慮也有這樣的可能：「精神的奴役蘊含在一切自由的本源自身」。索洛維耶夫與恰達耶夫、赫爾岑、巴枯寧一樣，為了擔當俄羅斯的現代命運，跑到西方思想歷史中去尋求真理，然後憑靠自己所體認的西方真理回頭發現了「民族情感的真理」。在梅烈日柯夫斯基看來，這些形形色色的俄羅斯知識分子楷模的最終歸屬都只會是「**精神逃亡**」，像果戈里筆下的人物一樣，在神思恍惚時一心只「考慮如何逃離俄國」（《低垂的頭》，見《病重的俄羅斯》，頁四〇；亦參同書中的《嘴裡滿是泥》，頁九二—九三）。

梅烈日柯夫斯基難道就不是陀思妥耶夫斯基的學生？

梅烈日柯夫斯基不但自稱陀思妥耶夫斯基的學生，還宣稱要與陀思妥耶夫斯基這個「受苦者一同受詛咒和得救」。但梅烈日柯夫斯基從陀思妥耶夫斯基那裡學到的，不是神秘的「人民」東正教學説，不是埋藏在「神聖泥土」中的「民族情感的真理」，而是全然異樣的東西。

如果這是可能的話，會是什麼呢？

象徵敘事：「你們現在擔當不了」

梅烈日柯夫斯基一生寫了好幾部三部曲小說，這很可能與他迷戀三位及一體的數字關係有關。

《論俄國現代文學衰微的原因及各種文學新潮》宣告了象徵主義之後，梅烈日柯夫斯基馬上着手寫第一部傳記體三部曲小說《基督與敵基督》，歷時長達十二年，是梅烈日柯夫斯基一生花費精力最多的三部曲。「基督與敵基督」這一總的標題，已經展示了梅烈日柯夫斯基一生思想的基本論題：聖靈與人靈的對立和衝突，「兩種本原在世界歷史上的鬥爭」（《一九一一—一九一三年版全集序言》，頁三七八）。

聖靈之國在近臨的過程中，必將引致基督精神與敵基督精神的緊張甚至衝突。這就是梅烈日柯夫斯基從陀思妥耶夫斯基的宗教小說中所學到的東西。

> 陀思妥耶夫斯基或者的確沒有意識到，或者只是裝作沒有認識到基督教最珍貴、最深刻的思想對於他自己的宗教思想的意義。基督教的思想就是關於終末、關於第一次來臨將完成和予以充實的第二次來臨、以及在聖子之國後來臨的聖靈之國：「我還

有好些事要告訴你們，但你們現在擔當不了。只等真理的聖靈來了，他要引導你們明白一切的真理，因為他不是憑自己說的，乃是把所聽見的都說出來，並要把將來的事告訴你們。他要榮耀我，因為他要將受於我的告訴你們。」（《約翰福音》，一六：一二——一四）如果說陀思妥耶夫斯基也考慮過第二次來臨，那麼，他考慮第一次依然多於第二次；他考慮聖子之國多於聖靈之國；考慮過去和現在都存在的信仰多於過去、現在和將來都存在的信仰。人民已經擔當起來的，對於陀思妥耶夫斯基來說，掩蓋了他們「現在擔當不了」的。

陀思妥耶夫斯基用自己的全部熱情焚燒出了難以忍受之痛苦的新宗教渴望，他想予以滿足，不是用新瓶中的新酒，而是用沒變成血的酒，沒變成酒的水。陀思妥耶夫斯基只是給我們出了一個謎語……我們直面猜破這些謎語的必要性：要麼猜透謎語，要麼毀滅。（《托爾斯泰與陀思妥耶夫斯基》，頁三一八——三一九）

如果《基督與敵基督》是梅列日柯夫斯基象徵主義寫作的開端，那麼，這也是他「猜透謎語」的精神行動。可是，「基督與敵基督」與象徵主義有什麼關係，即便「白銀時代」的新知識分子們也理解不了。

「什麼象徵？象徵是什麼意思？」人們莫名其妙地問我。（《自傳隨筆》，頁三七二）

基督臨世必然帶來兩重世界的劃分，象徵的世界恰恰也以兩種世界的劃分為基礎。別爾佳耶夫說得不錯，所謂「象徵是兩個世界之間的聯繫，是另一個世界在這個世界上的標記。象徵主義作家相信有另一個世界」。【二】索洛維耶夫的思想繼承人別爾佳耶夫雖攻擊梅烈日柯夫斯基的象徵主義圈子，但他們也被某些文化思想史家稱為象徵主義者。

既然我們已經知道這夥人並非同路人，把他們籠統稱為象徵主義者，可能會搞錯好多事情。象徵派中人伊萬諾夫說，象徵是一種思想和言說的動態原則，「是一種符號，在這符號中意指和說出的，絕不是一個單一的確定觀念；一種符號與觀念的固定構造只會把所有充滿奧秘的象徵變成一種元素式的形體，使象徵主義藝術變成密碼式的謎語」（轉引自

【一】別爾佳耶夫，《俄羅斯思想》，前揭，頁二二四。這一象徵論乃是索洛維耶夫的象徵論的復述，參徐鳳林，《索洛維耶夫》，前揭，頁二五九—二六一。

Fedor Stepun，《神秘的世界觀：俄國象徵派五傑》，前揭，頁二二二）。作為符號的象徵所意指的東西不是一個「單一的確定觀念」，它可能與大地、生死、性別、認知、和解有不同的意義關係。攻擊象徵派的古米廖夫說得不是沒有道理，「俄國象徵派把主要精力用到幽玄莫測的領域，輪流結交，時而與神秘主義，時而與神智學，時而與通靈術」（古米廖夫，《象徵派的遺產與阿克梅派》，見《復活的聖火》，前揭，頁二一一）。難怪伊萬諾夫和隨聲附和他的勃洛克的象徵主義，會被梅烈日柯夫斯基譏為「撒旦式的驕傲」（參見勃洛克，《答梅烈日柯夫斯基》，見氏著，《知識分子與革命》，前揭，頁一四一）。既然如此，一般地談論俄國象徵主義思想便失去了意義。對於眼下的問題來說，重要的是搞清楚，梅烈日柯夫斯基如何理解「象徵」。

在所謂「象徵主義宣言書」中，梅烈日柯夫斯基要摒棄「描寫環境的現實主義文學」，提倡「理想的詩」，主張小說也應是**抒情詩**。【二】梅烈日柯夫斯基推崇契訶夫的某些小說，稱之為「單純、簡潔」的抒情品格的典範，同時又說契訶夫的市民小說有損藝術的抒情之真。梅烈日柯夫斯基的所謂「象徵」是否就是「理想的詩」？什麼叫「理想的詩」？

詩並非都是「理想的」，所謂「理想的詩」的提法，不過是對**詩的品質**的一種理解。

對梅烈日柯夫斯基來說，詩的品質應該是一種人無法支配的靈性、一種「永恒的天然力量」。因而，「理想的詩」是「具有（虔敬靈性的）思想意識的詩」，一種虔敬的思想與詩（或抒情散文）的結合。如果這就是梅烈日柯夫斯基的象徵主義，那它首先是一種精神方式。正如別雷指出的，梅烈日柯夫斯基不過想用另一種精神觀念——不同於民粹主義的精神觀念來支配文學，儘管這實際上改變了俄國文學的精神狀況和政治文化趨向。（參Christa Ebert，《俄國象徵主義》，前揭，頁四六—四七）

問題恰恰在於：梅烈日柯夫斯基通過象徵主義的提法要標明一種什麼樣的精神意識？

在一首題為「黑夜的孩子」的詩作中，梅烈日柯夫斯基寫道：

我們全神貫注
望着破曉的東方，

【一】 梅烈日柯夫斯基的妻子吉皮烏斯的小説集《新人》，的確有如清澈透明的抒情詩，見「俄國象徵派詩文輯」，《外國文藝》，上海：譯文出版社一九八一（四），頁二四三—二八八。

黑夜的孩子，不幸之子，
期待着我們的先知到來。

於是，心中滿懷着希望，
離開人世之際，我們思念
這個創造得不完善的未來。

我們的語言，果敢大膽，
只是預兆來得太早，
但死亡的劫運終究難逃，
只是它延遲得太晚。

被深埋的要復活
於是，在沉沉的黑夜中，
有公雞在長夜裡歌唱，

而我們是清晨的嚴寒。

我們是深淵上的階梯，
黑暗之子，等待太陽，
我們把將要看見的光明當陰影，
我們將在它的光芒中死亡。【一】

「我們」是「黑暗的孩子」，「黑暗的孩子」是「不幸之子」。「我們」的存在就是「清晨的嚴寒」、「深淵上的階梯」。

什麼意思？

「黑暗的孩子」的生命有如「清晨的嚴寒」，顯然是梅烈日柯夫斯基所謂「象徵」的第一個含義。象徵以兩個世界的存在為前提，「孩子」在黑暗中，表明他也可能在光明之

【一】引自《俄國象徵派詩選》，黎皓智譯，杭州：浙江文藝出版社一九九六，頁一二二—一二三。

中，或者說象徵着自己的光明身份。正因為這孩子沒有在光明的世界之中，才是「不幸之子」，他的生命才成為「清晨的嚴寒」。

「孩子」象徵「我們」世人。「我們」什麼時候成了「黑暗」之中的「不幸之子」？

當上帝第一次臨世（聖父的國或者說舊約時代），人便睜開了善惡的眼睛，看到自己生存中種種惡的本相，黑暗就降臨了，生命成了「清晨的嚴寒」、「無法解決的問題」、「無從迴避的痛苦」。在洪荒時代，沒有上帝，什麼都可以做，沒有什麼惡不惡的「問題」，遑論「無法解決」。

在「我們」世人因「無法解決」的善惡問題痛苦得要死的時候，上帝又一次臨世。這一次上帝臨世的方式是，讓自己的獨生子到世上代人負罪、慘死，然後復活。憑着耶穌基督的生死復活，「孩子」們進入了新約（或者說聖子）時代，「我們」的生命品質發生了決定性轉變：人身上有了某種神聖的東西，「於是，心中滿懷着希望」。降臨到人身上的這神聖的東西使得「我們」不再僅僅置身於「深淵」中，而是在深淵的「階梯」上——憑靠基督帶來的聖靈，「我們」世人有了走出深淵的可能性。基督的臨世讓「黑暗的孩子」看到了未來的光明，「我們」甚至急切地想要走進光明，「我們的語言，果敢大膽」，甚至覺得死亡「延遲得太晚」。

然而，耶穌死而復活以後升天而去，「我們」依然還「在沉沉的黑夜中」，即便有聖靈像報曉的「公雞在長夜裡歌唱」，「我們」仍然「是清晨的嚴寒」。

耶穌將要再來，聖靈之國正在來臨……

聖靈王國到來之後，現世將陽光普照，不再有黑夜——「我們」再不會是「黑暗」中的「不幸之子」。但聖靈王國只是即臨的未來、神聖的將在，而非已經的現在。「我們」現在依然是「黑暗之子，等待太陽」。

不難看出，這是一種三段式歷史神學。然而，與黑格爾、馬克思、尼采、索洛維耶夫的三段式歷史哲學或歷史神學不同，在梅烈日柯夫斯基的三段式歷史神學中，未來的將是聖靈之國的即臨、基督再來的神而人，而不是人類歷史中隨超人去往的人而神。第三階段的聖靈王國是來臨中的國，它使得永遠處於現世深淵中的精神能夠有所憑靠地承負現世的惡。聖靈基督教的歷史神學，來源於耶穌被捕前對門徒密傳自己將要離去然後再來的話：

> 我告訴你們這些事，是要使你們在這些事發生時會記得，我曾經對你們說過了。我當初沒有告訴你們這些事，因為我一直跟你們在一起。現在我要回到那位差我來的

那裡去，你們當中沒有人問我：「你要到哪裡去？」可是，因為我把這些事告訴了你們，你們心裡竟充滿憂愁。然而，我實在告訴你們，我去，對你們是有益的；我不去，那慰助者就不會到你們這裡來；我去了，就差他來。他來了以後，要向世人證明，他們對於罪，對於義，對於上帝審判的觀念都錯了：他們對罪的觀念錯了，因為他們不信我；他們對義的觀念錯了，因為我往父親那裡去，你們再也看不見我；他們對審判的觀念錯了，因為這世界的王已經受了審判。（《約翰福音》，一六：四——一一，譯文據聖經公會版《聖經：現代中文譯本》）

黑格爾、馬克思、尼采、索洛維耶夫的歷史哲學或歷史神學不都是在憑着世人對於罪、對於義、對於上帝審判的觀念匆匆趕去自己以為的人類問題獲得終極解決的歷史未來嗎？

耶穌說完上面的話，接下來馬上說了：「我還有好些事要告訴你們，但你們現在擔當不了。」不是這樣的嗎？耶穌說了上面的話，「我們」世人（包括信基督的人）已經「擔當不了」——信徒們憑什麼有**屬靈的自誇**？——何況聖靈之國的「慰助者」到來以後要向「我們」世人證明，「我們」「對於罪，對於義，對於上帝審判的觀念都錯了」。

「我們」世人「現在擔當不了」，才是梅烈日柯夫斯基象徵主義的支點。耶穌已經向

「我們」透露了存在的「大秘密」：自從上帝第二次臨世以來，「我們」世人對於罪、對於義、對於上帝審判的觀念都是錯的。可是，「我們」中的哲人、自許的屬靈人竟然「把將要看見的光明當陰影」，憑「我們」世人對於罪、對於義、對於上帝審判的觀念去實現人類終極的未來。這不是把陰影當光明嗎？梅烈日柯夫斯基說社會民主主義和民族自由主義統統都是「胡扯一通」，又有什麼不好理解？

現在可以明白，為什麼梅烈日柯夫斯基說，敵基督精神是從上帝第二次臨世後基督精神進入人靈時產生出來的。基督精神與敵基督精神的緊張和衝突，就是「我們」世人所處的歷史階段，就是我們人類近兩千年來的歷史。梅烈日柯夫斯基的三段式歷史神學是對十九世紀所有三段式歷史哲學和歷史神學施行的斷頭術。

誰是「黑暗之子」不是更清楚了嗎？

所有的人——常人和大聖徒都是「黑暗之子」。在常人、甚至惡人身上，也有天使般的東西，在近乎天使般的人、甚至近乎聖徒的人身上，也有魔鬼般的東西。《罪與罰》讓梅烈日柯夫斯基領悟到：不僅拉斯柯爾尼科夫是罪人——同時身上又有神聖的東西，索尼婭也是罪人，「也想用作惡來達到行善的目的」。就「黑暗之子」的身份來說，索尼婭與拉斯柯爾尼科夫沒有分別，所以，他對索尼婭說，「我們是一樣的人」（《永恒的旅伴》，頁二一〇—二一一）。

當你像《罪與罰》的作者一樣瞭解人們的時候……難道罪惡與神聖的東西在活生生的人心裡不是融合於一個活生生的解答不了的秘密之中的嗎？不能由於人們是正直的而愛他們，因為除了上帝之外，沒有一個人是正直的：像杜妮亞這樣純潔的心靈也好，像索尼婭這樣偉大的自我犧牲精神也好，都隱藏着犯罪的因子。不能由於人們是有惡習的而恨他們，因為沒有哪一種墮落會使人類心靈中的奇妙美德不留痕跡地喪失殆盡。我們生活的基礎不是「以手段對付手段」，不是公道，而是上帝的愛和仁慈。

陀思妥耶夫斯基是最偉大的現實主義者，衡量過人類深不可測的痛苦、瘋狂和惡習，同時又是最偉大的詩人，具有如福音書所教的愛心。《罪與罰》整本書都充滿着愛，愛是它的火焰、心靈和詩意。

陀思妥耶夫斯基明白，我們要在至高無上的上帝面前為自己辯護的並非是自己所做的事，也不是自己的功業，而是信念和愛。……正直的人並不是那種以自己的力量、頭腦、知識、功績、清白而感到驕傲的人，因為這一切都會與對人們的蔑視和憎恨聯結在一起，而是那種比眾人更清楚地意識到自己身上的人類弱點與惡習、因而也比眾人都更憐憫和更愛人們的人。我們中的每一個人——好人與壞人、一直在尋求「討苦吃」的愚蠢油漆工米科爾卡與貪淫好色的斯維德里加伊洛夫、犬儒主義者拉斯柯爾尼科夫與妓女索尼婭，在心靈最深處的某個地方，有時候是在與生活相距甚遠的地方，都隱藏着一種衝動的激情、一種祈禱，它會在上帝面前為人類辯護。

這是酒鬼馬爾美拉多夫的祈禱：「願上帝降臨吧。」（《永恒的旅伴》，頁二一五）

象徵——説到底，是「我們」世人的生存品質：人「一半是個罪人，一半是個聖徒」。陀思妥耶夫斯基讓「我們」現代的世人看到自己仍然處在新約時代的生存論含義上的本質處境。

「我們」是否就得待在這裡，留在「深淵的階梯」上，一直是「黑暗之子」？

如果真是那樣，陀思妥耶夫斯基就還算不上非常了不起的作家。陀思妥耶夫斯基把「我們」引到這裡，然後把「將要看見的光明」——「未來的基督」提示給「我們」，同時把是否等待基督再來的精神抉擇也留給了「我們」。俄羅斯精神面臨的歷史性抉擇，並非在於選取何種「我們」世人所理解的「義」（自由、平等、博愛）或「上帝的審判」

（歷史規律、民族情感、「神聖的泥土」）去實現世人所理解的未來，而是在這「我們」世人「現在擔當不了」的時刻選擇跟隨基督抑或敵基督。

因此，「我們」才不得不既讚美也詛咒陀思妥耶夫斯基，這是「我們」的命運。在一九〇六年紀念陀思妥耶夫斯基的講演中，梅烈日柯夫斯基開場就說：

也許，我想要説的關於陀思妥耶夫斯基的真話在這週年紀念會上顯得殘酷，但我對他的愛足夠虔誠，可以説出關於他的全部真話。他不只對我一個人是所有俄羅斯以及全世界作家中最親愛、最親近的人，他給了我們大家——他自己的學生——人可能給予人的最大恩惠：為我們開闢了通向未來基督的道路。在此同時，也是他、陀思妥耶夫斯基，險些對我們作了人可能對人作的極惡——險些以敵基督的誘惑來誘惑了我們，不過，不是他本人的過錯，因為通向未來基督的唯一道路，敵基督的路最近。……不是我們審判陀思妥耶夫斯基，歷史本身完成對他的最後審判，對整個俄羅斯也一樣。但是，愛着他、與他一同犧牲的我們，為了與他一起獲救，將不會在這最後的審判中離棄他：我們將與他一起被判罪抑或被開釋。對他的審判亦是對我們的審判。我們不是原告，甚至不是證人，我們是陀思妥耶夫斯基的同謀。（《俄國革命的

先知》，頁三）

「我們是陀思妥耶夫斯基的同謀」。什麼意思？在陀思妥耶夫斯基身上，「天使與魔鬼在無休無止地論爭」，最後他「擔當不了」。拉斯柯爾尼科夫與索尼婭、梅思金與基里洛夫、伊凡與阿遼沙……「我們」大家同樣如此。「我們」可能還沒有意識到，光明與黑暗的衝突就在我們自己身上，陀思妥耶夫斯基替「我們」指了出來。

梅烈日柯夫斯基一再説「我們」，意在強調他僅僅是這「我們」中間的一人。顯然，梅烈日柯夫斯基意識到言説信仰有某種危險——自己被世人看作某種新發明的神秘主義宗教的宗師。一再強調「我們」，無異於向人們宣示「不要門徒」，「只希望能有同路者」。

> 我不説：你們到那裡去；我要説：既然我們同路，那就讓我們一道走。我知道：我要去的地方，不能一個人去。如何説在我所寫的東西裡有佈道，那麼也只有一種：鼓吹不應該有佈道；不應該有一個引路人，而應該大家一起走。……

我並不奢望給人們提供真理，但是我卻希望：也許有人願意跟我一起探求真理。果真如此，那麼就請他跟我肩並肩地走那些崎嶇曲折、有時黑暗恐怖的道路；請他跟我分擔我所感受到的矛盾痛苦，有時甚至是絕望的痛苦。（《一九一一——一九一三年版全集序言》，前揭，頁三七六）

陀思妥耶夫斯基思想中充滿了敵基督精神：捍衛俄國**專制政體**、美化**國家正教**、偽造**民族德性**，專制政體、國家教會、民族德性都是敵基督的誘惑，但陀思妥耶夫斯基也是真正的福音書精神的敘事大師。當且僅當通過這頑強的敵基督精神使我們看清了什麼是真正的**基督精神**——任何「民族情感的真理」都不可謊稱據為己有的福音書精神，這個敵基督的誘惑者才算是「我們」走向「未來的基督」唯一的道路。沒有從陀思妥耶夫斯基身上看出「天使與魔鬼在無休無止地論爭」的人，便只會被陀思妥耶夫斯基靈魂中敵基督的誘惑把自己的靈魂拐走，要麼擁抱「民族情感的真理」，要麼憧憬「民族自由主義」的公義未來，再不然就成為「內在的流浪漢」。

基督精神在此世，才使得真正的象徵世界成為可能。聖靈降臨此世必引致敵基督的此世對抗，聖靈入駐人的心中，是個體生命的重生過程，也是天使與魔鬼的爭鬥過程。從保羅、奧古斯丁、約阿希姆、但丁、路德等大聖徒身上，梅烈日柯夫斯基看到，聖靈通過基督走向「我們」**僅僅是可能**。耶穌才真正曉得區分聖靈和不潔之靈，因為他是上帝成人。大聖徒無論如何被聖靈充滿，仍然屬於「我們」中人，最終沒有能力區分聖靈和不潔之靈。路德像陀思妥耶夫斯基一樣，既值得**讚美**也需要**詛咒**，同樣因為他最終「擔當不了」自己身上「天使與魔鬼在無休無止地論爭」，混淆了不同的靈（《路德與加爾文》，頁二〇一二一）。

為什麼「我們」世人「現在擔當不了」？因為「我們」現在或許會回到基督，或許會因心中不潔的靈成為敵基督者。即便在**歷史的**（無論大公教、正教、新教的）教會**聖徒**——遑論非教徒中，也可以看到接近基督和背離基督的精神抉擇時的「現在擔當不了」。陀思妥耶夫斯基作為一個敘事作家之所以了不起，正在於他用小說敘事展示出人靈中的爭戰——耶穌早就已經親自說過：他到這個世界來，是要「讓人動刀兵」——個人生命的**精神抉擇的內心爭戰**（而非自居聖靈的現世代表對他人的爭戰）。

天使與魔鬼沒完沒了的論爭是在我們自己的良心裡進行的，最可怕的是，我們有時候並不知道，我們更愛他們中的哪一個，更希望哪一個獲勝。魔鬼用來迷惑人的不僅僅是種種享受，也還有自己是對的這類引誘：我們懷疑，魔鬼是不是真理的一個不可理解的部分、一個未得到公認的方面。（《永恒的旅伴》，頁二〇八—二〇九）

梅烈日柯夫斯基的主要著作大多是小説體或評論體人物傳記，其用意不是很清楚了嗎？唯有通過對歷史上各種精神人物的**精神抉擇**的敘事，才能展現**聖靈闖入**人靈、個體生命重生時經歷的靈魂爭戰。「保羅、奧古斯丁、路德、加爾文、帕斯卡，都是標誌着聖靈在近兩千年間、在各民族間——從耶穌到我們——之進程的里程碑」（《路德與加爾文》，頁四三四）。梅烈日柯夫斯基傳記小説的象徵意味就在於：「我們」「現在擔當不了」。

陀思妥耶夫斯基不僅在精神上、而且在敘事手法方面，啟發了梅烈日柯夫斯基如何敘述「近兩千年間」中的「現在擔當不了」。梅烈日柯夫斯基寫了那麼多精神人物傳記，顯然在把陀思妥耶夫斯基式的敘事變成他的**聖靈降臨**的敘事。

何謂陀思妥耶夫斯基式的敘事？

首先是要動用所有描寫手段「把讀者**帶進悲劇**之中」（《永恒的旅伴》，頁一九〇）。陀思妥耶夫斯基非常善於刻畫、描寫**靈魂的情緒變化**，以便把讀者「吸引到主人公的內心深處，拖進主人公的生活，就像漩渦把纖弱的草莖吸進水底深坑似的。讀者的個性會一點一點地轉變為主人公的個性，意識會與他的意識融為一體，激情會變成他的激情」（《永恒的旅伴》，頁一九一）。梅烈日柯夫斯基的傳記體小説或評論就是如此，他要把「我們」吸引到歷史中的精神人物的內心深處，拖進他們的精神生活，「就像漩渦把纖弱的草莖吸進水底深坑」。然後，讓「我們」的精神一點一點地轉變為這些精神人物的精神，與「現在擔當不了」的困境融為一體，激情變成「現在擔當不了」。

陀思妥耶夫斯基式的敍事還善於安排「現實的事與神秘的事的對比」，「故意藉助偶然小事的不斷巧合，把劫運的悲劇因素引入故事」。關鍵在於：

> 生活只是一種現象，只是一塊幕布，幕布背後隱藏着人類永遠也無法瞭解的情況。……平平常常的生活瑣事中會展現出我們從未料到的那種深刻意義、那種秘密。」（《永恒的旅伴》，頁一九三——一九四）

梅烈日柯夫斯基的傳記體歷史小説不同樣如此？在他的精神人物的生平敍事中，不同樣充滿「現實的事與神秘的事的對比」？

「現實的事與神秘的事的對比」絕非僅僅是敍事藝術手法，而是某種含義深刻的秘密的自行展現。何種含義深刻的秘密？聖靈降臨的秘密。「陀思妥耶夫斯基長篇小說的主軸」，梅烈日柯夫斯基解釋說，就在於這樣一個導致「時代的痛苦和憂鬱」的問題：「什麼東西的位置更高」（《永恒的旅伴》，頁二〇六）。

憑靠什麼來決定此世中「什麼東西的地位更高」？

在梅烈日柯夫斯基的傳記體三部曲小說中，有一部《耶穌》三部曲。不消說，這是梅烈日柯夫斯基的三部曲敍事作品中最重要的。別爾佳耶夫指責梅烈日柯夫斯基很少談基督，顯然不公允。早在一九〇六年回覆別爾佳耶夫的公開信中，梅烈日柯夫斯基已經清楚寫到：「唯有接受了以肉身到來的耶穌基督，才能區別基督與敵基督。」（《關於新的宗教活動》，見《病重的俄羅斯》，頁九九）問題關鍵並不在於我們是否知道歷史上曾經有個耶穌甚至不斷談論他，而在於知道：耶穌曾在「我們」中間，「我們」卻不認識他。凡象徵都有一個所象徵者，它不可認知、充滿奧秘。對於梅烈日柯夫斯基來說，此世中最大的象徵者是耶穌基督：耶穌對於此世中的「我們」來說，是「未知者」。

《未知者耶穌》是《耶穌》三部曲的第一卷。這部大著的母題來自《約翰福音》第一章中的一句話：「道在世上，上帝藉着他創造世界，而世人竟不認識他。」（《約翰福

音》，一：一〇）

這個世界上，最難認識的是耶穌這個人與其他人的個體關係，即耶穌的個體身位與世人的關係，這不是指我與耶穌的關係，而是指耶穌與我的關係。【一】

「我與耶穌」同「耶穌與我」有什麼不同，為什麼梅烈日柯夫斯基特別強調這兩種關係的重大差異？

憑「我們」自己的能力，「我們」認不出耶穌，即便耶穌就在我們中間。「我們」所謂的認出了耶穌，實際上是耶穌讓自己被「我們」認出。聖靈降臨的過程，就是「我們」與耶穌建立起個體性關係的過程，是個體與個體在者之間的關係。「我們」不可能與一位不在者有一種個體關係，但由於耶穌是神聖個體，「我們」與他的關係也不是一般的個體性關係。從「我與耶穌」的關係來認識耶穌，就是從現世的個體性關係來認識耶穌。於是，「我們」問：耶穌在嗎？用現代的表達，耶穌不就是神話、歷史人物或者信仰者的幻影嗎？

從「我與耶穌」的關係出發的人，只會提出這類問題，根本沒有可能認識耶穌。梅烈

【一】Merezkovskij, *Jesus der Unbekannte*（《未知者耶穌》），Leipzig 1932，頁一三。

日柯夫斯基的敘事表明，在現代的「我們」中間所發生的**亂認**耶穌的事情，並非現代才有，耶穌生活的時代就已經有過了。「我們」世人之所以會把耶穌視為神話、歷史人物或幻影，根本原因是：耶穌是神而人的基督。對於「我們」世人的認識能力來說，耶穌作為**神性個體**只會顯身為另一世界（上帝的靈國）在世界歷史中的**象徵**——人類眼中的一顆永恒之星。象徵作為一個認知對象，無論你如何看，也看不夠、看不全、看不盡其意味。神話、幻影甚至所謂歷史人物一類的「認法」，不過是對**神性象徵**的不恰當說法。

「耶穌與我」的關係則不同。這種關係基於基督的臨世對於「我」已然構成的**生存性事件**。「我」的問題已經不可能是：耶穌是否在，而是：耶穌是誰？耶穌是誰的問題，才是福音書的真正主題。

按梅烈日柯夫斯基的解釋，在福音書中，耶穌是否在的問題並不重要。「我們」若要混淆幻影與身體，只需閉上眼睛就行；若要分清幻影和身體，盲人也可以伸手觸摸一下。從「我與耶穌」的關係出發，耶穌永遠僅是**神聖個體**性的靈國象徵。即便一個人是基督教徒、是教會中人，也不等於這個人與耶穌的關係就不是從「我與耶穌」出發。福音書甚至突出強調，耶穌**自己的門徒**也不認識基督：耶穌的門徒也是「我們」中人，他們與耶穌的關係同樣可能是從「我與耶穌」出發。在歷史的教會中，無數信徒描繪過自己所看見的耶穌，都有可能是從「我與耶穌」的關係來看耶穌，結果可能都是亂認耶穌。所以，梅列日柯夫斯基說，歷史上各民族的基督教（大公教、東正教、新教）不過是耶穌象徵的馬賽克式畫像的一塊碎片。

至今仍然可以提出這樣的疑問：拿撒勒的耶穌真的就是我們所認識的？基督臨世已經兩千年，基本問題仍然是：「我們」世人是否認識了耶穌？億萬雙眼睛看了耶穌近兩千年，真正認識他的又有多少？連耶穌身邊的門徒都不認識基督，歷史上那麼多的聖徒沒有認出耶穌，「我們」現代人沒有認出耶穌，又有什麼好奇怪！

梅列日柯夫斯基強調「我與耶穌」同「耶穌與我」的關係的根本差異，顯然有針對性。

我們記得，《托爾斯泰與陀思妥耶夫斯基》一書提到：尼采為人神而與神人鬥爭，陀思妥耶夫斯基為神人而與人神鬥爭，「不僅俄羅斯文化、甚至整個世界文化的前途，都取決於這一問題」。現代性的根本問題是，人要取代上帝成為神，人而神抑或神而人成為現代精神的基本抉擇。人而神的精神抉擇從「我與耶穌」的關係而來，正如神而人的精神抉擇從「耶穌與我」的關係而來。「未知者耶穌」絕非什麼神秘主義敘事，而是具有現實針對性的警告：人成為神的衝動是基督臨世以來從未消失過的魔鬼心意。

既然「我們」世人不可能憑自己的認識能力——哪怕索洛維耶夫的神智或虔敬正統教徒的屬靈——認識耶穌，「耶穌與我」的關係又如何可能？

復活的耶穌在村子裡遇到自己的兩個門徒，「親自就近他們，和他們同行，只是他們的眼睛迷糊了，不認識他」（《路加福音》，二四：一五—一六）。復活的耶穌未被自己的門徒認出，儘管如此，耶穌與認不出自己的門徒同行。耶穌與世人同行才改變了「我們」與耶穌的關係，「我與耶穌」的關係才可能轉變為「耶穌與我」的關係。

怎樣轉變，轉變後「我們」怎樣了？

他們（兩個門徒）彼此說：「在路上，他和我們說話，給我們講解聖經的時候，我們的心不是像火一樣地燃燒嗎？」（《路加福音》，二四：三二）

復活的耶穌同世人走的路，就是世界的歷史。在這歷史中，世人——甚至信仰他的教會中人——不認得他。人類過去的歷史如此，我們時代的情形同樣如此。一旦進入了「耶穌與我」的關係，心就會「像火一樣地燃燒」，有如陀思妥耶夫斯基和梅烈日柯夫斯基本人及其小說中的許多人物。

福音書所講的連耶穌的門徒也不認識他的事情，在梅烈日柯夫斯基看來，含義太深遠。世人不認識與自己同行的耶穌，不是因為世人沒有讀福音書、不曉得基督教，而是因為世人像兩位耶穌自己的門徒一樣，「眼睛迷糊了」。認識耶穌，不能用眼睛看、而要用心靈看，正如認識象徵要用心靈看，一旦如此，心就會「像火一樣地燃燒」。

《未知者耶穌》的書名來自希臘教父愛任紐（Irenaus）的說法：「我們尚未認識耶穌的身體形像。」【一】嚴格說來，《耶穌》三部曲是從這一說法敷衍而成的象徵主義小說，真正的主角與其說是耶穌、不如說是耶穌基督的門徒們。梅烈日柯夫斯基寫過奧古斯丁、路德、加爾文、但丁等歷史上的大聖徒，描述他們與耶穌的關係；《耶穌》三部曲描述的則是第一代聖徒與耶穌的關係。

《耶穌》三部曲以新約為素材，也基於大量哲學和神學思想史文獻——從希臘—羅馬哲學、希臘—拉丁教父著述、中世紀經院神學到近現代神學和哲學有關基督的論述，甚至十九世紀末至二十世紀初對於梅烈日柯夫斯基來說相當晚近的新約研究文獻。即便在今天看來，《耶穌》三部曲所依據的文獻絕不亞於任何一部相當學院化的學術論著。《耶穌》

【一】參Merezkovskij, *Jesus der Kommende*（《來臨者耶穌》），Leipzig 1934，頁七。

三部曲從文體上講雖然是小說，從敍事中看不到任何文獻的痕跡，實際上具有注經性質，堪稱敍事體的新約釋經著作。【一】十九世紀以來，耶穌生平研究著作林林總總，《耶穌》三部曲的形式已經堪稱獨特，可謂象徵主義的耶穌生平研究。

其實，不僅《耶穌》三部曲是注釋性著作，梅烈日柯夫斯基諸多傳記體小說和評論都帶注解性質，無不基於作者博學的研究（別爾佳耶夫也曾經特別表示過佩服梅烈日柯夫斯基的博學）。文化史學家按現代學科分類把梅烈日柯夫斯基的主要著作強行劃歸「文學評論」，不懂得所謂「評論」其實就是傳統上的大思想家慣用的注釋寫作方式。洛扎諾夫看得很準：「就天賦和手法的總和來說，梅烈日柯夫斯基是位注釋家。」【二】古米廖夫在攻擊象徵派時，指責它「把神學降低為文學」、「把文學抬高到神學的金剛石冷宮」，很可能是在說梅烈日柯夫斯基。就現代的詩人或純粹文人的立場而言，古米廖夫言之有理。但古米廖夫像絕大多數現代詩人一樣，不懂得最高的詩——但丁、莎士比亞、歌德、陀思妥耶夫斯基、里爾克、艾略特的詩，在這種最高的詩中，並沒有什麼文學與神學的劃分。至於思想和學問的事情，古米廖夫就更不懂了，他只會說「在虛無面前，一切現象都是兄弟」之類不知所謂的話。

通過注釋前人的著作來表達自己的思想，是哲學和神學的傳統寫作方式。這意味着，後人應該與歷史上偉大的思想者一起思想，思索曾讓人類最優秀的頭腦困惑的那些問題，而不是憑據幾條哲學、神學原理或所謂思想方法（無論分析哲學、現象學、符號學、解釋學抑或精神分析術）來思想。至於像某些現代哲學那樣，從人類學、歷史學、社會學、經濟學的實證原理中引出幾個理論框架來掀起一陣時髦思潮或一心要想清楚所謂現代的思想方法，思想便已然成了技術。與歷史上的經典思想家一起思想，抑或憑據現代的種種學科原理來思想，成了當今思想者面臨的基本抉擇。

在二十世紀，以注釋家身份成為思想大家的有好些，但把思想注釋變成小說敍事而且卓然成大思想家的，可能唯有梅烈日柯夫斯基。看慣學理式哲學—神學論文，或僅把小說當小說來讀的人，都難領會梅烈日柯夫斯基小說體傳記的「象徵」意味——巴特在《〈羅馬書〉釋義》中援引梅烈日柯夫斯基，說明他沒有把梅烈日柯夫斯基的作品當小說。

【一】 一九九二年春天，莫斯科神學院一位新約教授到巴塞爾大學講現代俄國神學中的福音書釋義學，沒有提到梅烈日柯夫斯基。筆者當場問他如何看待梅烈日柯夫斯基的《耶穌》三部曲，他回答說：「那是小說。」也許這位教授根本沒有讀過《耶穌》三部曲，只聽說過梅烈日柯夫斯基這個人，曉得他是文學家，便如此回答。

【二】 參鄭體武，《〈永恒的旅伴〉中譯本序》，前揭。

「我們」的**在世拘限**使「我們」認識不到耶穌基督，耶穌基督親自走進「我們」的拘限地，讓自己得以被「我們」世人認知。在「耶穌與我」的關係中，基督已經讓「我們」世人認識自己，「我們」的心就會「像火一樣地燃燒」。

「我們」的心如何「像火一樣地燃燒」？

《耶穌》三部曲第二部的書名是《來臨者》，講的卻主要是耶穌的門徒和使徒保羅的心如何「像火一樣地燃燒」：如何面對身體感覺的雙重化——對**軀體**的身體和**聖靈**的身體的感覺差異。耶穌是**靈國的在世象徵**，又是一個實實在在的**血肉之身**；耶穌的身體與基督的身體既是、又不是同一個身體，或者說兩個不同身體在耶穌身上成為同一個身體。所謂基督信仰，原初地講，就是認耶穌是基督，如此認信就發生在對這雙重化的身體的認識之中。

所謂「我們」的心「像火一樣地燃燒」，在梅烈日柯夫斯基的敍事中，就是認信者因與耶穌的雙重化身體相遇對軀體的身體與聖靈的身體的差異產生的驚異感，從而自己的身體感也雙重化了。梅烈日柯夫斯基的所謂**愛慾基督論**的具體含義乃是：對基督的認信導致認信者身體感覺的變化，信仰是活生生的血肉生命的身體感覺的重生——「我」的身體在聖靈的身體中的重生。

如此產生的基督信仰始終是怯生生的，因為「我」的身體感覺重生後面對的是耶穌的受難。

《耶穌》三部曲第三部的主題是耶穌受難——書名即為《死與復活》。信仰基督根本是對耶穌復活的信仰，聖靈降臨的過程在這裡才達到終點：「對復活的信仰是整個基督教人性的動力。」【一】如保羅所說，沒有對耶穌復活的信仰，「我們」所信的一切都是枉然。

表面看來，《耶穌》三部曲是按福音書的敘事順序來結構的。按照四部福音書的敘事，耶穌受難的主題——死與復活都在最後，《耶穌》三部曲第三部的主題是耶穌受難，也就不難理解。但是，在梅烈日柯夫斯基敘事中，如此安排還有特殊的含義。

耶穌復活之後，上帝的話就說完了。對於「我們」來說，耶穌基督可不可認識的問題徹徹底底變成了耶穌基督可不可信的問題——是否相信耶穌的復活。然而，如此相信對於「我們」世人可能「現在擔當不了」。按梅烈日柯夫斯基的解釋，耶穌受難意味着世人意志的碎裂，耶穌復活意味着上帝意志的實現（《死與復活》，頁一一一—一一七）。面對耶穌

【一】Merezkovskij, *Tod und Auferstehung*（《死與復活》），Leipzig 1935，頁三六〇。

的受難與復活，就是人靈與聖靈的相逢，人身上的兩種靈——人靈與聖靈之間的爭戰的開始。

梅烈日柯夫斯基的《基督與敵基督》的敘事系列，嚴格來講是從這裡開始的（參見《一九一一——一九一三年版全集序言》，頁三七六）。聖靈降臨「我們」引致的人靈中的爭戰，用神學語言來講，就是基督與此世的關係。彼得堡宗教—哲學社在活動初期（一九〇二——一九〇三）舉辦過一次以「基督與此世」為題的研討會，梅烈日柯夫斯基和洛扎諾夫為研討會擬定的具體議題是：精神與肉體、基督教群體與社會、教會與藝術、婚姻與貞潔、福音與異教的關係。顯然，所謂「人靈」中的爭戰也有廣泛的文化含義。梅烈日柯夫斯基當時提交的論文便是討論果戈里的文學寫作與東正教的關係，實際上是討論福音與文化的關係。【二】那個時候，《托爾斯泰與陀思妥耶夫斯基》剛剛完成不久，早已着手的《基督與敵基督》三部曲還沒有殺青。《耶穌》三部曲雖然是後寫的，其中所表述的信仰過程，與梅烈日柯夫斯基的諸多論述藝術家、作家的傳記體小說恰好構成一個象徵性的整體。

如果說，象徵主義的一般特徵是，通過描述現世的東西暗示某種神秘的、超現世的東西，梅烈日柯夫斯基的象徵主義就顯得與眾不同。在他那裡，象徵是聖靈降臨的過程和人靈在這一過程中的「心像火一樣地燃燒」，以至於「現在擔當不了」。象徵世界的構成，不是從現世到超現世的神秘主義，不是單純的二重世界的形而上學結構，而是基督的臨世。梅烈日柯夫斯基的象徵主義不僅與神秘主義有別，也與其他象徵主義有本質區別——**人而神與神而人**的區別。某些文化史學者搞不懂這一區分，甚至乎說梅烈日柯夫斯基沒有什麼真正的象徵主義寫作，一點不奇怪。【二】用反象徵派的詩人古米廖夫的說法，任何探索不可知的事物的嘗試，「都是不貞節的」。梅烈日柯夫斯基的象徵主義作為聖靈降臨的敘事，保持了探索的貞節。

現在，我們可以更好地理解，梅烈日柯夫斯基的象徵主義寫作為什麼一開始提出的主題會是「基督與敵基督」。自基督臨世以來，基督與敵基督就成了現世精神的基本處境。在所謂現代處境中，「我們」面臨的依然還是基督剛剛臨世時世人、乃至耶穌的門徒就已經面臨的精神抉擇：信基督抑或敵基督。陀思妥耶夫斯基和尼采所挑明的精神危機僅僅看

【一】參Merezkovskij, *Gogol: Sein Leben und seine Religion*（《果戈里生平及其宗教》），München-Leipzig 1914。

【二】例如Fedor Stepun在其《神秘的世界觀：俄國象徵主義五傑》（前揭）中對梅烈日柯夫斯基的膚淺評論。作者並非西歐學者，而是出生於俄國、十月革命前就在莫斯科當教授、革命後流亡德國在大學教授俄國思想史的社會學家。

起來是新的，其實在任何時代都可能出現、而且歷史上已經多次出現。現代的精神問題的「新」僅僅在於，「我們」甚至對基督與敵基督的精神衝突**已經沒有感覺**。在這一意義上說，陀思妥耶夫斯基和尼采所挑明的精神危機具有劃時代意義：使「我們」得以恢復對這一精神**抉擇的意識**。

基督精神與敵基督精神在人靈中的爭戰，是聖靈降臨人世的必然結果；「具有（虔敬靈性的）思想意識的詩」，意味着對基督精神與敵基督精神的**現世衝突**的意識。「理想的詩」要記敘的是：必須穿過所有敵基督的道路才能走向「未來的基督」。所以，梅列日柯夫斯基解釋說：

> 陀思妥耶夫斯基的真正的宗教既不是東正教，也不是歷史上的基督教，甚至不是一般意義上的基督教，而是超越了基督教、超越了新約的宗教，是啟示錄、應該來臨的第三約、第三神聖身位的啟示——聖靈的宗教，儘管他自己沒有意識到，但這肯定在他無意識的生命深處。【一】

陀思妥耶夫斯基的思想是否真的如此，倒很難說。可以肯定的倒是：梅列日柯夫斯基藉陀思妥耶夫斯基表達了自己所理解的基督宗教的重點——第三聖國（聖靈之國）即臨。這一思想的要義可以用一句話來概括：「拯救世界的唯一希望是聖靈的第三契約」。聖靈是人的靈魂的唯一源泉，聖靈出自聖父和聖子，聖靈完成最終的拯救：「聖父開始拯救世界，聖子繼續拯救世界，聖靈將完成拯救世界。」（《路德與加爾文》，頁五七）信仰聖靈將完成拯救世界，並非意味着如此信仰能解決所有現世問題——國家強盛、民族復興、平均財富、政治自由，而在於懂得：生活極其困難複雜，「不能昧着良心只靠理論去解答」；尤其懂得，憑靠種種現代的「理論」（主義）就能解決所有現世的問題，實現人類的終極和平和幸福，都是魔鬼的誘惑。梅烈日柯夫斯基的象徵主義要維繫知識人對基督與敵基督之間的緊張和衝突的精神感覺，有這種**精神感覺**，知識人才不至於對在任何歷史時期都可能出現的**精神沉淪狀態**或當今種種「主義」的誘惑**毫無感覺**，以至乾脆當精神流浪漢算了。

梅烈日柯夫斯基的象徵主義小說有如**酒鬼**的祈禱，像陀思妥耶夫斯基筆下的酒鬼馬爾

【一】 Merezkovsikij, *I'ame de Destoiewsky:Le prophete de revolution russe*（《陀思妥耶夫斯基之魂：俄國革命的先知》），Paris 1922，頁九。

美拉多夫那樣祈禱：「願聖靈降臨吧」。

現代革命的「精神火山口」

一九二三年，作家扎米亞京寫道：

> 切實認真地問一下：什麼是革命？
>
> 有人按路易十四的方式回答：革命——這就是我們；有人按日曆式回答：某年某月；或者按字母回答，倘若從字母轉到音節方面，那就是：兩顆死寂的、黑沉沉的星星相撞，發出聽不見而又震耳欲聾的巨響，燃燒出一顆新的星星：這就是革命。一個分子脫離開自己的軌道，侵入相鄰的一個原子世界，產生出新的化學元素：這就是革命。羅巴切夫斯基的一本書燒坍了歐幾里得世界的千年古牆，為的是開闢無數的非歐幾里得空間的道路——這就是革命。
>
> 革命無處不在，萬物皆有之。它是無窮了的，無有最後的革命，無有最後的數。社會革命不過是無數的數中之一數，因為革命的法則不是社會性的，它大得無比——

是宇宙的普遍法則……有朝一日將會確定革命法則的準確公式。在這個公式中，將有這樣的數值：民族、階級、星辰——和書本。（扎米亞京，《論文學、革命、熵及其他》，見《復活的聖火》，頁一八九—一九〇）

革命發生後，扎米亞京一直留在俄國。作為一個作家，扎米亞京對於革命的事情能夠想到和說到這種地步，已經相當難得。

新宗教精神運動的主要人物在一九二二年大都被蘇維埃政府驅趕到國外，他們的寫作雖然沒有間斷，畢竟喪失了語言的土地。從二十世紀二十年代到八十年代，流亡的新宗教精神幾乎成了歐洲——尤其法國和德語國家思想文化界的一個組成部分。【一】

納粹上臺後，德國的流亡知識人以法蘭克福學派為代表，致力思索納粹成功的社會、文化、心理、政治原因。同樣，俄國的流亡知識人以當年各個宗教—哲學社成員為代表，

【一】在法國、瑞士、德國的舊書店，不難找到二十世紀三十、四十年代俄國流亡知識人著作的法、德語譯本；法國和德語國家的俄國現代宗教哲學的研究論著，也相當多（二十世紀八十年代以來，又有新的進展），這些國家的思想家、學者引述俄國宗教哲學家的現象，也很普遍。俄國將流亡的宗教靈魂迎接回國，時光已經流逝到二十世紀九十年代。

雖然已經分化，無不致力思索俄國革命的成因。

梅烈日柯夫斯基在革命前已經就革命的事情說了許多，他的話應驗了而已，似乎再沒有什麼好說的。直到一九三八—一九三九年間，梅烈日柯夫斯基先後完成了《路德傳》和《加爾文傳》，人們才曉得，情形並非如此。

路德和加爾文是新教精神的創始人，梅烈日柯夫斯基帶有東正教神學背景，他幾近於鞭笞導致教派分裂的新教，似乎是順理成章的事情：

> 人類的全部信仰起初都是剛剛下出的蛋，可惜很快就變成了臭雞蛋。宗教改革的命運也是這樣可悲。成百上千的新教小教派在舊世界和新世界繁衍出來。在舊世界，新教變得枯乾、僵化；在新世界，則發霉，並發出了「已不新鮮的雞蛋」的氣味。
>
> （《路德與加爾文》，頁四三一）

如果以為梅烈日柯夫斯基寫作《路德傳》和《加爾文傳》不過是站在東正教立場清洗新教精神，就搞錯了。作為「文化基督徒」，梅烈日柯夫斯基沒有教派立場。他寫新教而非東正教歷史上的聖徒傳，並非為了教派問題。

《路德傳》和《加爾文傳》是單獨分別出版的，但兩書之間明顯有內在聯繫，主題都是思索現代的自由、權力、國家問題。現代世俗的宗教性革命的精神根源，才是梅烈日柯夫斯基這兩部傳記體小說關注的要點。

法國大革命爆發後，思想家們（托克維爾、柏克）就已經認識到，這場現代的革命帶有宗教性質。然而，究竟是什麼樣的宗教性？

「宗教性」是一個極其含混的術語，僅僅說現代革命具有宗教性質，等於沒有對現代革命的精神品質作出解釋。直到今天，思想史家、政治哲學家們仍然沒有在這一問題上取得一致看法。對於現代革命的精神根源，有說是基督教終末論的世俗化（洛維特）、有說是靈知派精神的現代化（沃格林）。在《路德傳》和《加爾文傳》中，梅烈日柯夫斯基提出了自己的看法：新教精神——尤其加爾文精神，是現代世俗的宗教革命的「精神火山口」。

> 新教運動使教會產生出一百二十二個教會，使莫基教會的磐石分裂成如此之多的破碎的小塊。路德和加爾文開創的事業不是變革，而是動盪和革命，並使歷史的教會與未來的教會之間的深淵難以跨越。（《路德與加爾文》，頁五七）

不少思想史家在考察現代革命的成因時，相當關注歷史上受到與國家權力聯手的大教會壓制的宗教小派。歷史社會學家們隨後跟上來，詳細調查歷史中各種「異端」小派的形成活動以及與整個社會秩序結構的關係。梅烈日柯夫斯基的觀點看起來與這些思想史家、政治哲學家的看法沒有什麼差別，似乎現代革命是由新教分裂帶出的無數不受控制的小派引發的，其實不然。

如果說《耶穌》三部曲是敍事體的新約釋經論著，《路德傳》和《加爾文傳》就堪稱敍事體的神學思想史論著，其中的敍事都基於原始文獻（路德、加爾文的著作、書信）和研究文獻（其他傳記及神學研究論著）。在這裡，梅烈日柯夫斯基主要思索的是現代革命的精神根源，仍然沒有離開其象徵主義思想的基本主題：聖靈在人靈中的**在世衝撞**。換句話說，現代的革命精神不過是基督與敵基督精神這一**紀元性衝突**的歷史表現。

陀思妥耶夫斯基在《群魔》中對革命黨人的精深論析，被思想史學者視為對布爾什維克革命的「先知性分析」，實際上已經觸及現代革命的宗教品質問題。在這一意義上，陀思妥耶夫斯基的小說同樣可以被看做敍事體的宗教哲學論著——《群魔》乃敍事體政治—宗教哲學的範本，它力圖揭示現代革命精神的品質：以崇高的人生價值論（人而神）面貌出現的虛無主義。【二】梅烈日柯夫斯基的《加爾文傳》顯得要推進陀思妥耶夫斯基的這一思索方向，明確提出這樣的論斷：現代世俗的神聖革命（從法國大革命到俄國十月革命），乃是**加爾文神義論**的結果：加爾文是盧梭的老師，盧梭是**羅伯斯庇爾**的老師，羅伯斯庇爾是列寧的老師。「在日內瓦神義論中，出現了把改革與革命連結起來的牢不可破的關係。斷頭臺上的大鍘刀是在塞爾維特火刑柴堆上鑄煉出來的」（《路德與加爾文》，頁二七三、二九七）。【二】

需要探究的問題自然便是：從神學思想史來看，加爾文神義論是如何形成的。按梅烈日柯夫斯基的分析，加爾文神義論的實質是，把福音書精神還原為舊約的**律法精神**，勾銷了「舊約與新約之間不可調和的矛盾」。「加爾文是依西乃山律法條文實現福音的新摩西」，對於他來說，基督的福音不過是舊約律法的裝飾。本來，保羅作為基督教

【一】參Fedor Stepun, *Der Belschewismus und Chrstliche Existenz*（《布爾什維克主義與基督教的實存》），Kosel 1959，頁二二三—二五二；亦參R. Larth，《陀思妥耶夫斯基哲學：系統論述》，前揭，頁二七六—二八六。

【二】將列寧的共產主義革命與路德和加爾文的宗教改革的歷史的內在脈絡聯繫起來，絕非想當然的論題。Eugen Rosenstock-Huessy在其大著*Out Revolution: Autobiography of Western Man*（《出自革命：西方人的自傳》Norwich,VT.1969）的第一部分，以「從列寧到路德：種種世俗的革命」為題，用四百多頁篇幅追溯了這一歷史脈絡。

會的主要奠基人已經宣告，基督事件既成全也終結了律法，加爾文卻暗中反過來：律法才是基督事件的終點，最終以律法取代福音。

法國大革命「斷頭臺上的大鍘刀是在塞爾維特火刑柴堆上鑄煉出來的」。塞爾維特是誰？就是那個因與加爾文在神學看法上不同，被加爾文以教會法權名義燒死的神學家——牧師。人們以為宗教審判法庭是大公教才有的，其實新教中同樣有。不同的是：大公教的宗教法庭有一整套訴訟制度和縝密的法典，相比起來，小派林立的新教的宗教法庭簡直就像私刑。

梅烈日柯夫斯基在史料基礎上講述了這一歷史上著名的塞爾維特事件，隱含在敘事中的則是這樣一個神學論斷：塞爾維特批評了加爾文以舊約替代福音書，才被加爾文用國家化的宗教權力判為異端送上火刑堆（《路德與加爾文》，頁二六八）。【二】

瞭解近代神學思想史的人都清楚，加爾文的預定論是其神學的主幹，而預定論恰恰又以其神義論為基礎。預定論說的是上帝的「天意」，上帝的「天意」在地上就顯現為「上帝的義」。「日內瓦的神義論」對「上帝的義」的解釋，實際上包含着兩個對立的上帝——基督與敵基督。基督精神與敵基督精神的對立，在所有聖徒那裡都有，關鍵在於最終得勝的是哪一方。梅烈日柯夫斯基認定，在加爾文精神中，最終得勝的是敵基督的人靈一方，完成了「一種喪失了形而上學本質的、從新約向舊約、從自由向律法回歸的嘗試」。現代「文明」作為宗教改革的產物，根本是背離基督教福音原則的結果，它最終陷入敵基督的「全然的宗教虛無」（《路德與加爾文》，頁二七八、四二九），也就不值得大驚小怪了。

福音書舊約律法化的第一個結果是，**自由的信仰變成了律法的信仰**。

按梅烈日柯夫斯基的講法，宗教改革剛剛出現的時候，路德還能以基督的名義讚頌自由。到了路德宗教改革精神的追隨者加爾文那裡，自由與基督之間的聯繫就被打斷了。中古的大公教會並非是現代意義上的國家性質的，皇權與教權是塵世之城與上帝之城的關係。到了加爾文那裡，教會成為現代意義上的國家性質的建制，這就是加爾文新教的基本特色，也是福音律法化的實際政治含義。

按梅烈日柯夫斯基的理解，福音精神根本上是自由——上帝給予人的最大贈禮是自

【一】反過來也可以理解，為何猶太教出身的大思想家施特勞斯會對基督教的加爾文另眼看待。參Leo Strauss, *Spinoza's Critique of Religion*（《斯賓諾莎的宗教批判》），Uni. of Chicago Press 1984，頁一九三—二一四。

由，個體自由中包含着「上帝真正的映射」、寓於人之面貌中的上帝面貌最為輝煌的光明。加爾文把教會建制國家性質化，卻看不到國家本質上就是要讓個體臣服。教會基於基督的福音抑或模仿現世的法律，就是歷史中的教會所面臨的基督與敵基督衝突中的抉擇：

國家的要素是法律，歸根到底是一種加諸個體的強力。教會的要素是愛，歸根結底是個體的得救和復活。國家把人祭獻給國家。在教會裡，全部世人所不珍惜的那一位（耶穌基督）為了世人而犧牲自己。（《路德與加爾文》，頁一八）

梅烈日柯夫斯基攻擊國家性質化的教會、乃至攻擊國家本身，與民粹派對國家的攻擊不同。民粹派認為，國家的惡本質上在於維護世間的不平等；對於梅烈日柯夫斯基來說，國家的惡的本質是壓制個體自由。首要的價值訴求是自由還是平等，是區分自由主義與民粹主義的基本尺度。可是，梅烈日柯夫斯基所謂的「自由」，又與實證主義或無政府主義的自由主義所尋求的「自由」不是一回事。這兩種「主義」的「自由」都是人而神的「自由」——基於人的自然本性及其權利的「自由」，梅烈日柯夫斯基所謂的「自由」始終是上帝的恩典，聖靈降臨的賜福——生命在上帝手中的「自由」。

由於將教會變成現代意義上的國家性質的建制，福音書舊約律法化的另一結果是，加爾文的新教精神催生了現代民族國家的精神原則。路德改教的實質是民族與教會的結合，只不過，在路德那裡，如此教會式的民族國家還沒有成為一種現實的政治原則。到了加爾文，教會式的民族國家作為一種政治原則便形成了。「在路德那裡，有民族的意志，在加爾文那裡，有普遍的意志。加爾文首先把宗教改革從路德強加於它的那種特有的日爾曼民族精神中解放出來」（《路德與加爾文》，頁二六二），使之成為普遍的現代民族國家的政治原則。

這種解放的方向是，把民族精神改塑成國家精神，而如此國家精神又是一種宗教精神——加爾文宗的國家觀念是：我們的國家才是上帝的特殊選民（據當今一些學者說，美國的立國精神就如此宣稱）。加爾文的神義論無異於一種人義論，因為，對於加爾文來說，重要的是同一的意志——普遍意志，這個所謂「普遍意志」根本不具有大公教的普世含義，而是民族—國家的含義、國民的含義。毫不奇怪，到了盧梭那裡，所謂「公民宗教」的提法就出來了。

在加爾文宗的教會建制裡，就權力的統一和強制性而言，絕不遜於羅馬教會。由於加爾文宗的教會理念並非如羅馬教會那樣是大公性的，其權力的統一和強制性的法源就有如四分五裂、相互對抗的各個現代民族—國家的主權。就教會宗派組織的全權形式而言，加爾文宗與大公教的耶穌會是同一類型，但耶穌會畢竟嫡屬羅馬教會，而且並沒有與哪怕像日內瓦共和國那樣小小的國家及其人民一體化。同樣重要的是，耶穌會是教士精英團體，而非平民性建制，其自主權恰恰針對國家和社會，而非教廷。

加爾文宗就不是如此。對加爾文來說，國家權力和教會權力都是ordinatio Dei（神性秩序）。世俗國家的最高權力來自教會，反過來說，教會的最高權力來自國家，教會與世俗國家就一體化了。由於擯除了傳統教會制度中的教階等級，大公教會中原有的教士精英與平民信徒的聖品差異被廢除（所謂平等原則），教會也就成了國家的人民宗教。這樣一來，基督不再是為了一個屬靈的特殊群體（教會）作證，而是為一個教會—國家的機構——日內瓦教務會議作證。加爾文的神義論，說穿了，就是教會式現代民族國家的合法性論證，日內瓦教會的權力與國家權力的合一乃是現代民族主權——現代式神權——國家的原模。

梅烈日柯夫斯基在《路德傳》和《加爾文傳》中，一再重申了自己的教會觀。

教會是一匹從塵世的耶穌奔向上帝國的基督的駿馬——人而神的路，但為了得救，世界必須走與教會相反的方向：從上帝國的基督到塵世的耶穌——神而人的路。教會的路向是走向不可知的基督，世界的路向是走向不可知的耶穌。梅烈日柯夫斯基以「未來的教會」提法與歷史中的教會對抗，所謂未來的教會指的是聖靈降臨的教會：「基督教的生死存亡，不是指兩派分立的教會，即西派與東派之一的生死存亡，而是指獨一的普世教會的生死存亡。」唯有聖靈的教會，才是普世的教會，梅烈日柯夫斯基這位「文化基督徒」心靠的就是聖靈降臨的教會：

未來唯一的和普世的教會可能不在基督教之內，而在基督教之外，不在聖子的第二契約之中，而在聖靈的第三契約之中。（《路德與加爾文》，頁四三四）

加爾文是（舊約）《聖經》至上，梅烈日柯夫斯基是福音書中的聖靈至上，這是兩個人對教會的不同看法的根本原因。所以，梅烈日柯夫斯基聲稱，公教與新教的大論爭是彼得與保羅的對立，兩者的奧秘是聖父、聖子、聖靈的統一，但唯有約翰最清楚聖靈的奧秘：

約翰結束了世世代代各民族中的這場「大論爭」；基督教兩派被分離的兩半，天主教和新教這兩個教會將要被基督教東派，即正教聯合起來；不是過去的，現在的，而是未來的正教，在聖靈的第三契約中的約翰的教會。（《路德與加爾文》，頁五九）

聖約翰被東正教視為教會理念法統的奠基人，梅烈日柯夫斯基的論點看起來像是在「創造性地轉化」東正教傳統教義，其實不然。梅烈日柯夫斯基不僅否定了「過去、現在」的東正教，對聖約翰的聖靈基督論的解釋也根本不同於東正教會的**教義化**解釋。

除了不像拉斯柯爾尼科夫那樣有的時候也會「含着溫和的眼淚」，「覺察到別人所受的痛苦」，梅烈日柯夫斯基說，加爾文、羅伯斯庇爾與陀思妥耶夫斯基筆下的這個人屬於**同一類型**的「宗教狂熱分子」。在這樣的人身上，

> 有一種真的是非常可怕的和幾乎是非人類的東西。在讓成千上萬無辜者為上帝踏上篝火，或為自由走到斬首機底下去，讓鮮血像河流般流淌的同時，他們真誠地認為自己是人類的恩人和偉大的正人君子。（《永恒的旅伴》，頁一九八）

如果伊凡就是成熟了的拉斯柯爾尼科夫，參照梅烈日柯夫斯基所講述的加爾文形象，人們是不是能夠對伊凡所講的「宗教大法官」有更清楚的認識？主張聖靈基督教的梅烈日柯夫斯基也把「宗教狂熱」視為敵基督的**人靈現象**，恐怕值得我們認真思索。

梅烈日柯夫斯基看待路德與加爾文，就像他看待托爾斯泰與陀思妥耶夫斯基。這種關係說到底，就是基督精神與敵基督精神的關係：加爾文和托爾斯泰是敵基督精神的代表，在路德和陀思妥耶夫斯基身上，儘管基督精神與敵基督精神劇烈衝突，最終還是基督精神佔了上風。梅烈日柯夫斯基的觀點也許不無偏頗，卻足以提醒我們審慎看待新教改革的政治哲學含義，對於漢語思想開啟思路、瞭解歷史中的基督教會和神學思想史的複雜性，同樣不無裨益。【一】

【一】 加爾文式新教通過西方（尤其美國）傳教士的宣教活動，對中國現代基督教會的發展有相當影響。另一方面，學界對新教運動及其在近現代社會和思想發展史上的作用的理解，也相當片面，新教改革的政治哲學含義，迄今還沒有受到學界關注。關於新教改革的種種流俗觀點（諸如所謂新教改革與自由主義民主政治的關係），大多似是而非。關於路德、加爾文的政治思想，參見Leo Strauss/Joseph Cropsey主編，《政治哲學史》，上卷，李天然等譯，石家莊：河北人民出版社一九九三，頁三六一—四一二；Quentin Skinner，《現代政治思想的基礎》，段勝武等譯，北京：求實出版社一九八九，頁二七八—三八五、四五八—五一〇。對自由主義憲政制度作出理論貢獻的既非路德、亦非加爾文，而是胡克，其巨著《教會體制的法則》恰恰是為反駁加爾文清教徒而寫的。參見Carl Friedrich，《超驗正義：憲政的宗教之維》，周勇、王麗芝譯，北京：三聯書店一九九七，頁四五—五五。

舉例來說，梅烈日柯夫斯基以為，舊約與新約的差異，並非只是「公義的上帝」與「愛的上帝」之別，同樣，甚至更重要的是：舊約偏重「上帝的子民（人民）」，新約偏重「個體的神聖性」。

在舊約的神權政治之後，在這裡、在日內瓦，重新出現的不是一個神聖的個人，而是神聖的人民；國家和教會的目標不再是個體的神聖性，而是集體的神聖性；以色列的上帝重新向選民宣告：「因為我是神聖的，你們也是神聖的。」（《路德與加爾文》，頁三五五）

「人民」與**精神個體**的對立，是梅烈日柯夫斯基思想中的一貫論題。從梅烈日柯夫斯基的思路推導下去，現代革命精神的來源，就不是什麼受大教會建制壓制的小教派，而是舊約的宗教——「出埃及」的宗教。這種宗教的核心理念是「人民」，「出埃及」的人民的**領路人摩西**當然算是第一位革命家，但他的革命目的，恰恰是為了建立自己民族的神權國家——在革命的半路上就宣告了神律。【二】民粹主義甚至社會民主主義，不過就是現代的「出埃及」宗教——法老的「埃及」變成了現代資本主義的「西方」。

所有擁護國家暴力的人都曾經是革命者，所有的革命者都是未來的國家擁護者。從羅伯斯庇爾到拿破崙只有一步；為了跨出這一步就應稱為拿破崙。整個國家機器是凝固的革命，所有革命都是熔化了的國家機器。……對國家而言，所有革命中最危險的不是暴力，而是關於暴力的可能性及神聖性問題，即針對國家存在本身的問題和對所羅門的寶石戒指不謹慎的觸及，戒指裡囚禁着最可怕的造反魔王……關於暴力的形而上、道德、個人和社會的問題，所有革命中都出現過，但沒有一次革命如俄羅斯的解放那樣尖銳鮮明地暴露出暴力的宗教意義。（《灰馬》，見《病重的俄羅斯》，頁二〇—二一）

這話是在真正的大革命發生之前的一九一〇年說的。

【一】 當代西方學者中也有人著書說，西方革命精神的最終來源就是舊約的摩西五經，比如Michael Walzer, *Exodus and Revolution*（《出埃及與革命》，Basic Books 1985），論者似乎沒有受到過梅烈日柯夫斯基的啟發。

「這樣的人生活中沒有任何無意義的偶然」

別爾佳耶夫對俄國革命的反思與梅烈日柯夫斯基不同。據他說，在革命之前，由於大多數新宗教知識人不關心人民疾苦、國家命運一類現實問題，脫離了俄國的社會和政治實際，脫離了社會中的普通人，不去解答他們的問題，結果讓激進民主主義鑽了空子，支配了現實社會的政治發展。言下之意，似乎還有點反悔自己當年加入新宗教哲學運動。

國朝知識界大概有人會說，別爾佳耶夫這樣的過來人都如此認為，從思想史來講，梅烈日柯夫斯基的象徵敍事還會有什麼歷史意義。

別爾佳耶夫雖然寫了一堆講「精神哲學」的書，其實他真正關心的是政治現實的變革。只不過他後來以為，要解決現實政治問題，需要首先解決精神哲學問題。梅烈日柯夫斯基在大革命發生之前寫了不少政論，他的諸多文論實質上就是政論。至少從表面上看來，梅烈日柯夫斯基也一副很關心現實政治的樣子。據俄國社會思想史家Fedor Stepun說，梅烈日柯夫斯基在十月革命前二十年間的知識界名氣很大，但他的名氣主要來自其文化短論和政論而非其小說。的確，不難想像，在那樣一個動盪的年代，多少知識人會有閑心來讀動輒幾十萬字的象徵敍事。

解決實際的社會—政治問題——經濟危機、政黨衝突、勞資糾紛、社會貧窮、外敵壓境，其實並不需要先解決精神哲學問題；即便解決了精神哲學問題，不等於一個民族或國家可以很好地對付（遑論解決）現實的社會問題。梅烈日柯夫斯基攻擊社會民主主義，並非因為這種社會—政治方案在解決社會政治問題時有什麼缺陷，因此想用另一種「主義」取而代之。毋寧說，任何的「主義」都與梅烈日柯夫斯基的「政治」關懷不相干：聖靈基督論絕非一種替代其他「主義」的**政治方案**，儘管象徵敘事及其文論、政論的寫作本身就是一種政治姿態。一九〇五至一九〇六年的革命之後，梅烈日柯夫斯基已經意識到：

> 與舊秩序的鬥爭只要是單純地局限在政治平面上，像迄今為止所進行的那樣，就不可能以勝利而告終。革命本來是與長着翅膀的猛禽鬥爭，可是卻以為是在與四條腿的猛獸鬥爭。革命本來是塵世的，而它的敵人卻不只是塵世的。這就是為什麼革命會如此奇異而軟弱地失掉了武器。對敵人的打擊雖然穿過了他的軀體，但是沒有傷着他，就像用劍擊幽靈一樣。（《一九一一——一九一三年版全集序言》，前揭，頁三七七）

所有「主義」都是典型現代特徵的**理想性政治方案**，現代知識人——據說如果他還愛國的話，似乎都得從種種相互對抗的「主義」中選取一種立場。別爾佳耶夫的「精神哲學」實質上是要尋找一種新的「主義」（政治方案），以便一勞永逸解決現實社會的政治問題，所以才會有那樣的對新宗教精神運動的歷史評價。一旦逾越出了「主義」之爭，別爾佳耶夫就找不到一種恰當的尺度來評價歷史中曾經有過的思想，革命的發生要由「不關心現實問題」的思想負上一部分責任的說法就來了。

如果說，別爾佳耶夫和梅烈日柯夫斯基實際上都關心政治，所謂「政治」的含義在這兩人那裡就根本不同。與別爾佳耶夫相反，梅烈日柯夫斯基即便寫政論，關心的並非是現實政治的變革，而是知識人的**精神品質**。一九〇六年，梅烈日柯夫斯基寫了《未來的無賴》，批判社會民主主義的精神先驅**赫爾岑**，名字顯得很「政治」，讀起來卻像一篇「文化基督徒」宣言書。

早在一八六四年，赫爾岑就宣告，「該是心平氣和地認識到市儈階層是西方文明最終形式的時候了」。赫爾岑的這一警告聽起來很像當年梁任公旅遊歐洲回來後對中國知識界說的話：歐洲的道德精神衰落了。

與梁任公一樣，赫爾岑對俄國知識界的告誡並非基於他對歐洲精神狀況的洞察，而是依據當時「歐洲文化最高尚的代表」的論斷。赫爾岑並非自己「認識到市儈階層是西方文明最終形式」，他不過聽見穆勒對英國知識界驚呼：**有教養的人正在變成庸眾**，這樣下去，要不了多久「英國將變成中國」。赫爾岑憂心忡忡地重複了穆勒的論斷後補充說：俄國也快跟上了。接下來他就表示贊同穆勒的提法：如今，知識界需要來一場張揚**個性自由**的突變。

伯林的確目光銳利。他在差不多快一百年後指出，雖然赫爾岑是個社會民主主義者，其實在性情上與穆勒一樣，是個真正的自由主義者。

穆勒式的自由主義者也會憂心有教養的人變成庸眾？

赫爾岑發出警告的四十年後，梅烈日柯夫斯基斷言：無論穆勒還是赫爾岑在警告知識人將變成「精神市儈」時，其實「都沒有看到這種精神市儈習氣的最終根源」。

憑什麼這樣講？

> 赫爾岑和穆勒看不到市儈習氣的根源，就像人沒有鏡子就看不到自己的臉。他們為之痛苦、害怕在他人身上看到的東西，不僅在他人身上，而且就在他們自己身上；在於他們自身的宗教思想——更準確地說，反宗教思想——最終的、不可逾越的、甚

至他們看不見的極限之中。（《未來的無賴》，見《先知》，頁九六）

穆勒、赫爾岑反對市儈精神，卻不曉得自己就是典型的精神市儈。梅烈日柯夫斯基的說法已經讓人感到恢怪得出奇，他還要加上一句更狠的話，這種「精神市儈」實質上也是一種**宗教或信仰**。

什麼樣的宗教信仰？「實證主義」的宗教信仰。

廣義上的實證主義是肯定向感覺經驗敞開大門的世界：否定世界終於和始於上帝，肯定世界在種種現象中得到無終無始的延續，肯定無終無始、而無法琢磨的現象世界，肯定中庸、庸常和穆勒及赫爾岑所說的如中國長城一樣絕對而又極其堅固的「密集庸才」，以及絕對的市儈習氣……（《未來的無賴》，見《先知》，頁九六）

的確，無論你是否認同「實證主義」的宗教信仰，它似乎真的就是西方精神發展的**最終形式**。為了自己所屬的民族精神不至於墮落成「精神市儈」，赫爾岑從社會民主主義轉向了「實證主義」的宗教信仰——如伯林所說，本質上是一種**真正西方**的「健康的」自由主義。

赫爾岑曾經是俄羅斯知識人的精神指路人，梅烈日柯夫斯基年輕時也曾經對「實證主義」的宗教信仰感興趣、甚至為其所折服。在紀念屠格涅夫的講演中，梅烈日柯夫斯基說的話與赫爾岑在精神轉向之後說的話沒有什麼差別：

俄羅斯是形形色色最高綱領主義——革命的及宗教的最高綱領主義——的國度，在這個自焚的、最狂熱的極端行為的國度裡，屠格涅夫恐怕是自普希金之後唯一的度的天才，並因此是文化的天才。文化不就是衡量、集聚和保持價值的嗎？

從這個意義上說，屠格涅夫與偉大的創造者和破壞者托爾斯泰和陀思妥耶夫斯基相對立，是我們唯一的保護者、保守者，並且如一切真正的保守者一樣，是自由主義者。或者用當代的政治語言來說，屠格涅夫與最高綱領主義者托爾斯泰和陀思妥耶夫斯基相對立，是我們唯一的最低綱領主義者。

在此隱含着他的永恒真理。不管我們多麼瞧不起最低綱領主義者，由於他們有「市儈氣」，但沒有他們，你仍舊無法應對；沒有他們，最高綱領主義者會完蛋。我們的革命不成功，不就是因為其中蘊含着太多俄羅斯的極端、太少歐洲的度嗎？太

多托爾斯泰和陀思妥耶夫斯基，太少屠格涅夫嗎？（《屠格涅夫》，《先知》，頁二八六——二八七）

不僅伯林的《赫爾岑與巴枯寧論個人自由》一文的思想感覺，甚至他對屠格涅夫的解釋，看上去都像在重複梅烈日柯夫斯基當年的思想感覺。那個時候，梅烈日柯夫斯基已經說，屠格涅夫簡直可以算作「歐洲的本家」，因為他的小説精神所體現的自由主義「也許是整個西歐文化的特徵」。梅烈日柯夫斯基甚至希望將自己的基督信仰與這種西歐文化的特徵結合起來，以為這種本質上是實證主義的自由精神從人群中已經認出一臉人相的「凡間的基督、人類之中的基督」，懂得「除了基督誰也不能消除」人間「性的悲劇」（參《屠格涅夫》，見《先知》，頁二八六、二九七）。

不曉得是在哪一天，梅烈日柯夫斯基突然發現，在這真正西方的健康自由主義中，俄羅斯知識人因找不到克服庸眾化的靈丹妙藥，在「臨近的絕望中，燃起了最後的希望——對俄羅斯、對好像將拯救歐洲的俄羅斯農村村社的希望」（《未來的無賴》，見《先知》，頁一〇二）。這樣的精神嬗變可能曾經讓梅烈日柯夫斯基感到震驚：從「實證主義」的宗教信仰或「最低綱領主義」中，竟然產生出拯救歐洲的俄羅斯農村村社的新宗教精神——同時也是一種理想的政治方案，隨之而來的是這種政治方案的對立方案——巴枯寧無政府主義對傳統宗法制習俗的破壞熱情。

事情還沒有完。

為了克服無政府主義可能和已經導致的混亂，現代政黨式的專制政治就有必要了。到頭來，知識分子們紛紛自以為高明或大徹大悟地意識到，無論「整個歷史多麼荒謬，也沒有必要給院落圍上柵欄……反正整個世界都不過是魔鬼的滑稽劇」。梅烈日柯夫斯基吃驚地發現，巴枯寧出場的時候，赫爾岑對無政府主義的「詛咒」什麼也說不出來。

的確，村社對螞蟻窩的統治幹嘛應該使螞蟻避免螞蟻的命運？野蠻的奴役比有教養的無賴好在哪裡？

梅烈日柯夫斯基這才明白過來：

當赫爾岑從俄羅斯跑到歐洲的時候，他從一種奴役跌入到另一種奴役中去了，從物質的奴役跌入到精神的奴役中去了。當他想從歐洲跑回俄羅斯的時候，則從歐洲的

運動中跌向新的中國——跌入舊的俄羅斯的「中國靜止」中了。（《未來的無賴》，見《先知》，頁一〇四）

這回梅烈日柯夫斯基看明白了，俄國知識人的處境從來就處於兩種壓迫之間：一方面是**專制政體**、一方面是**黎民百姓**。在現代性的歷史關頭，由於西方民主政治導致的政治危機和西方資本主義導致的經濟危機，「在這樣兩種可怕壓迫中間，俄羅斯（的知識人）社會正在被磨碾」，碾成麵包解救黎民的大饑荒和國體的大危機，「因此顧不上市儈，不圖發胖，只要活命」（《未來的無賴》，見《先知》，頁一一九）。

處於**兩種壓迫**之間，與其說是俄羅斯知識人、毋寧說是知識人**這號人**的普遍命運：在國家和人民之間的夾縫中生存。如果知識人要麼投身國家、要麼投身人民，以便讓自己擺脱夾縫中的生存，就必得找到或者設想出一種什麼「主義」，從而成為「知識分子」。如果知識人的生存目的既不是拯救民族（國家）、也不是獻身人民，他靠什麼活、呼吸什麼？不成為某種「主義」者（知識分子），從前叫做有教養的人，在現代社會中應該叫什麼？

從前，專制政體與黎民百姓是統治與被統治的兩極，有教養的人雖然被夾在中間做人，由於統治者與被統治者之間的差序格局空間不小，有教養的人也還有自己精神生存的迴旋餘地。到現代了，民主政治起來，黎民百姓可以、而且應該成為主權專政的立法者，專政政體與人民便合為一體——史稱民國。統治者與被統治者之間的差序格局發生如此「三千年未有之大變局」後，知識人的生存空間連夾縫也沒有了，基本的生存抉擇成了要麼做Folkefiende（人民公敵）——像易卜生宣稱的那樣，要麼做「人民的朋友」。既然「人民」已經是民主政治的黎民百姓，「人民」的慾望和價值訴求開始擁有主權專政的正當性法權，認同「人民」的慾望成了首要的政治問題，所謂「精神市儈」便從做「人民的朋友」的知識分子中應運而生。

人民的朋友，像拉薩爾、恩格斯、馬克思這樣民主的天才領袖們，在宣揚社會主義的時候，不僅在實踐中沒有警示，而且在理論上也不會預見到赫爾岑和穆勒擔心的「新式中國」——「精神市儈」的危險性。（《未來的無賴》，見《先知》，頁一一六）

明白過來的梅烈日柯夫斯基斷言，「本世紀黑暗的世界統治者就是將降臨到王國的市傖——未來的無賴」。在不同的民國，這「未來的無賴」的面目可能會有所不同。據梅烈日柯夫斯基看來，「未來的無賴」在俄羅斯有三個面孔：即將代替傳統君王專政的**實證主義專制**、繼續「向神授的君主報恩的東正教」和「三張面孔中最可怕的一張面孔」——「流氓階層、流浪者、刁民」。

「實證主義」的自由主義精神不是反專制的嗎？

不錯，實證的自由主義甚至社會民主主義、無政府主義，都反抗專制。但是，這些「主義」反的是統治者與被統治者之間有差序格局的專制，而非「人民」主權的專制。有**差序**的專制意味着，「人民」的慾望還不是「君王」專政的價值基礎，並不具有主權專政的道義法權。實證的自由主義與社會民主主義、無政府主義的政治衝突，不過因為對「人民」的理解不同——市民、農民、抽象的「全體人民」。「實證主義」的自由主義本質上與社會民主主義、無政府主義一樣，仍然是現代民主的「人民的朋友」，要為**每一個**「人民」（市民）的慾望爭取到政治權利甚至權力。所以，梅烈日柯夫斯基才問：赫爾岑是否預見到，「回應社會主義者的將是**新的野蠻人**可怕的歌聲」？

誰是「新的野蠻人」？「三張面孔中最可怕的一張面孔」——「流氓階層、流浪者、刁民」們是誰？黎民百姓中的「刁民」甚至暴民自古就有，算不上是「新的」。

象徵主義詩人勃留索夫曾用據説極富詩才的語言寫道：

顛撲不破的真理
我早已不再相信。
我愛所有的大海、所有的港灣
從無半點兒偏心。
我願自由的航船
能夠到處航行
無論魔鬼、無論上帝，
我統統稱頌。

吉皮烏斯問：對於稱頌上帝或者魔鬼沒有差別的人，還有什麼不可以稱頌？

所謂「自由的航船」，不過裝腔作勢，湊韻腳罷了。一個被完全勃留索夫式慾望所控制的人能有什麼自由，或者哪怕是關於自由的想法和概念？……到了魔鬼的大海，這船會不會沉沒？【二】……被慾望、甚至是最可怕的貪慾燒毀的靈魂，除了吞下痛苦的能力，還剩下什麼？（吉皮烏斯，《往事如昨》，頁六一及八一）

在詩人「自由的航船」上，不就盛滿「市儈精神」的胚芽？在當今知識人心目中差不多成了燦爛繁星的「白銀時代」，梅烈日柯夫斯基從西式「自由精神」中看到令穆勒和赫爾岑驚恐的知識人「流氓階層」。他不與周圍的「自由主義」知識分子「圈子」為伍，以至於像友人勃洛克都不好理解——「為什麼人們都不喜歡梅烈日柯夫斯基？」又有什麼不好理解？

對於梅烈日柯夫斯基來說，如果從前有教養的人今天不至於變成「未來的無賴」中的「刁民」面孔，就得成為「真正的文化人」。如果人們還記得前面引述的伊萬諾夫的宏論，就相當清楚，所謂「文化」問題指俄羅斯知識人面臨的精神抉擇。梅烈日柯夫斯基從聖靈基督教中看到的是現代「文化人」賴以生存的呼吸；所謂「文化意識」就是意識到，聖靈與肉身的緊張是世界歷史的基本動力原則。從斯拉夫主義式或啟蒙主義式知識分子的精神頌歌轉身到陀思妥耶夫斯基式知識人的精神深淵，難免成為穆勒和赫爾岑所看到的正在變成庸眾的知識分子們的「公敵」。別爾佳耶夫指責梅烈日柯夫斯基的「文化基督教」過於看重身體和愛慾，搞出了尼采式基督教，可見他並沒有搞懂梅烈日柯夫斯基強調身體和愛慾的意思。梅烈日柯夫斯基提出所謂身體、靈魂、精神這「精神高貴」的三要素，針對的恰恰是「未來的無賴」的三張面孔：活生生的肉體對抗大地和人民、活生生的靈魂對抗教會、活生生的精神對抗知識分子（《革命的先知》，見《先知》，頁一三四）。

從神學思想史角度看，梅烈日柯夫斯基的聖靈論固然可以說是世紀末情緒與約翰啟示錄融合的結果，但它更表達了對現代性的一種宗教—政治批判：通過聖靈降臨的「現在你們擔當不了」抵制現代性的實證形而上學庸眾和民主主義的價值顛覆。正是靠這「你們現在擔當不了」的聖靈氣息，梅烈日柯夫斯基才擺脫了現代的種種「主義」、擺脫了糾纏俄羅斯知識人近兩百年的西化—斯拉夫化的對立，看到知識人作為**精神守護者**面臨的真正**生存抉擇：高貴抑或低劣甚至下流**。

【一】 十月革命後，勃留索夫積極投身於新政權的文化組織工作，並成為象徵主義陣營中唯一加入俄共的詩人。參見鄭體武，《勃留索夫〈自傳與回憶錄〉中譯本序》，前揭，頁二。其實，也許在炮打冬宮事件之後的第二天，象徵主義的另一位大詩人勃洛克就動筆寫他那篇著名的《知識分子與革命》一文，文中說「革命與大自然是難兄難弟」，「如同龍捲風，如同暴風雪，總是帶來新的、意外的東西」；末了，他號召知識分子「用整個身軀、全部心靈、完整的意識去傾聽革命」，因為，「精神即音樂。惡魔曾經要求蘇格拉底聽從音樂精神」。勃洛克，《知識分子與革命》，前揭，頁一六一、一七一。

俄羅斯（知識人）社會徹頭徹尾是高貴的，因為它徹頭徹尾是悲劇性的。悲劇的本質與田園詩的本質是對立的。形形色色市儈的根源是田園詩般的萬事如意，但趣味低劣，是「金色的夢」，但卻是中國的箔金。悲劇、受難者十字架上真正的鐵釘，是一切高貴的根源，是那鮮紅血液的源頭，它使所有領了這鮮血聖餐的人都成為「為王的一族」（「那些因為給耶穌作見證、並為上帝的話被斬首的靈魂……他們都復活了，與基督一起作王一千年」。（《新約、啟示錄》））。俄羅斯知識分子的生活從頭到尾是波折、是悲劇。（《未來的無賴》，見《先知》，頁一一九）

既然「受難者十字架上真正的鐵釘」才是「一切高貴的根源」，梅烈日柯夫斯基就不得不承受這「鐵釘」——儘管他現在還「擔當不了」。「十字架上真正的鐵釘」與種種現代知識分子的「主義」的對立，不是解決實際政治問題的方案之爭，而是守護抑或放棄精神高貴的選擇。就實際的政治文化而言，梅烈日柯夫斯基的「聖靈基督教」的確針對俄國知識分子的兩大精神楷模——無政府主義者巴枯寧和社會民主主義者赫爾岑，但這不是政治方案或理想、而是精神高貴與精神市儈的「針鋒相對」。梅烈日柯夫斯基一再說，無論社會民主主義還是實證的自由主義，實質上都是一種**知識人**的宗教。這一說法已經相當明白地傳達出這樣的意思：他與這兩種在知識界佔支配地位的「主義」的鬥爭，是**知識人**宗教之間的「諸神之爭」。在這場**現代之後**的「諸神之爭」中，沒有「價值中立」的餘地。

別爾佳耶夫的形而上學頭腦為什麼偏偏就明白不了呢？像一些巴枯寧和赫爾岑的**中國信徒**一樣，這兩位知識分子的楷模反對上帝、反對基督教，不過是在「與歷史的幽靈、與在**政治低地**的霧靄中該理念被歪曲的折光」搏鬥。**現世的受苦**——政治的壓制和經濟的不平等成了他們反對上帝的理由，而最根本的理由據說還是基督教讓人失去了精神自由——需要精神自由的當然是知識人。梅烈日柯夫斯基在這場「諸神的衝突」中問：

> 歷史最大的犯罪——如果算是第二次受難的話，已經不是神人、而是神人類的受難——在於，十字架是上帝的自由的象徵，釘在十字架上的是人的自由。難道巴枯寧和赫爾岑敢斷言受難者本人參與了這一犯罪？基督願意人們受奴役？難道巴枯寧和赫爾岑從未想過基督對魔鬼的回答——魔鬼提議讓基督統治此世所有王國的權力——是什麼意思？（《未來的無賴》，見《先知》，頁一〇九——一一〇）

熟悉文化思想史的人都清楚，知識分子問題最先是在十九世紀俄國知識界中出現的。所謂知識分子問題，實質上是俄國民族性思想之精神基礎的**重新定位**。梅烈日柯夫斯基的象徵主義根本上針對的正是知識人精神基礎的傾斜，但他的同時代人不懂，甚至他早年的象徵派詩人盟友也不懂，以為他反對人民，看不起黎民百性。在梅烈日柯夫斯基寫了那麼多、講得那麼明白後，詩人勃洛克仍然搞不懂，仍然要跨越知識人與人民的界限：「即便我們久已不再對人民頂禮膜拜，我們也不能背棄或不再關心人民，因為我們的愛和思想素來傾向人民。」（勃洛克，《人民與知識分子》，見氏著，《知識分子與革命》，前揭，頁五九）然而，知識人精神基礎的傾斜，根本是一個現代性問題，或者說現代性引致的問題。用赫爾岑和陀思妥耶夫斯基的話來說，俄國知識人精神在現代處境中產生了分裂，心中出現了兩個**精神祖國**——俄羅斯和歐洲。這裡的所謂「歐洲」，不是古老的歐洲，而是近代啟蒙以後的歐洲。如何把俄羅斯精神與歐洲精神擰成一個精神，是十八世紀末以來好幾代俄羅斯知識人的心願。梅烈日柯夫斯基的傳記小說寫的大多是「西方人」，如此寫作的含義是要尋回另一種已經被現代歐洲人遺棄了的精神基礎。

不妨設想，如果一個漢語作家寫了十來部**西方精神人物**的傳記，他將會受到怎樣的評價，還會被視為**漢語作家**？

梅列日柯夫斯基對自己的寫作有清楚的自覺：如此寫作乃是一種**精神放逐**。在臨終之作《但丁傳》的序言中，梅列日柯夫斯基希望自己「能像但丁一樣，代表所有為祖國活的靈魂——自由而鬥爭的放逐者」寫作（《但丁傳》，頁一二）。

自由才是「祖國活的靈魂」。誰為此而遭放逐？被誰放逐、放逐到哪裡？所謂「活的靈魂——自由」又是什麼含義？

梅列日柯夫斯基經歷過「對於全人類來說最可怕的日子」，卻並不把自己的時代經歷想像成人類歷史上**獨一無二**「最可怕的日子」。在人類歷史上，這樣「最可怕的日子」可能不止一回。如果所謂「自由」在梅列日柯夫斯基看來乃是「受難者十字架上真正的鐵釘」，自由就並非意味着人類和個人生命問題的圓滿解決，而是在對復活的信賴中承負歷史和生命中的惡，在生命不可解決的複雜和矛盾中堅守受難者的十字架豎立的精神高度。酷愛這作為精神高貴的「自由」的人在現世歷史中遭人民、民族、國家、教會放逐，不是頭一回，也不會是最後一回。在但丁的經歷中，梅列日柯夫斯基就看到了酷愛「自由」的精神遭到如此放逐的命運。由於梅列日柯夫斯基選擇了精神的故土——知識人的在世生命賴以生息的「神聖泥土」，在這裡只有「真正的鐵釘」可以憑靠——為自己的「祖國」，他便只能與人類歷史上的一個個被放逐者為伍：

也許在為人類活的靈魂——自由而進行最後的戰鬥前夕，一個俄國人在寫書評論但丁，一個乞丐評論另一個乞丐，一個放逐者評論另一個放逐者，一個被判處死刑的人評論另一個被判處死刑的人，這僅僅是一個偶然的巧合，抑或有深遠的原因？

在西方的歐洲，任何人現在都不會理解我所說的。可是他們一旦看到——也許很快，在東方俄國的命運中正在決定着西方歐洲的命運，他們就會理解這一切。

但丁在西方人中間是個最西方的人，幾乎不瞭解而且也不希望瞭解東方，在西方能夠看到一切，而對東方卻如同盲人，他完成自己一生最主要的事業——《神曲》……隨後便死了，為了將在永恒中睡醒而長眠在東方的門檻——在拉韋納（但丁安葬處。——譯者注），東方曾經在那裡死了，拜占廷東方帝國在那裡結束，西方的羅馬帝國在那裡開始。（《但丁傳》，頁一三）

不少俄國知識分子看到西方人離開了「受難者十字架上真正的鐵釘」，便以為這「自由」精神已經死了，如果不願回到自己靠「民族情感」才可能把握的真理和德性，就只好與現代西方精神一同走向精神的最低度，否則就會被視為「外國人」——在俄國知識界，梅烈日柯夫斯基就經常被其他知識人說成「外國人」，對於這樣的稱呼，梅烈日柯夫斯基懶得答理。作為俄語作家，他心裡明白，西方的歐洲人離開「真正的鐵釘」不是頭一回，但這與「我」的精神抉擇有什麼相干？

梅烈日柯夫斯基沒有去寫俄國東正教歷史上的諸多聖人，「俄羅斯知識分子的災難，不在於他不夠俄羅斯，而更在於他太俄羅斯、唯俄羅斯」（《未來的無賴》，見《先知》，頁一二五）。西方人如今看不到自己的歷史上曾經有人在世人紛紛離開「真正的鐵釘」時走向這「活的靈魂」，梅烈日柯夫斯基卻看到了——所以他要講述這些靈魂的故事。如果梅烈日柯夫斯基在其言論中也有一種民族精神，這只會是如此精神：西方人的精神命運不是俄國精神效仿的楷模，有教養的人的精神命運才與俄羅斯精神相干。

在第一王國——聖父之國、舊約——中，開啟了作為真理的上帝統治；在第二王國——聖子之國、新約——中，正在開啟作為愛的真理；在第三、也是最後的王國——聖靈之國、未來之約言——中，將開啟的是作為自由的愛。在這最後的王國裡，將發出和聽到最後的、尚無人發出和聽到的未來上帝之名：得救者。

但在這裡，我們離開的已經不是帶着過去和現在之市儈的歐洲文化立足的岸，而是赫爾岑面對未來市儈立足的岸；我們駛向所有的岸皆消失的開闊的海洋，駛入未來基督教的海洋，它是三位一體統一大啟示的三個啟示中的一個。

在赫爾岑這個最偉大的俄羅斯知識分子的命運中預言了一個問題，決定全體俄羅斯知識分子命運的問題：他們能否明白，只有在未來的基督教中蘊含着能夠戰勝未來市儈和無賴的力量？（《未來的無賴》，見《先知》，頁一一〇）

「未來」的含義不是歷史的。正如梅烈日柯夫斯基沒有接受過去歷史的基督教，也不會指望未來歷史中的基督教。耶穌基督再來時會宣告，「我們」世人搞錯了「罪」、「義」和「上帝的審判」，「我們」世人的教會也不會成為例外。所謂「未來的基督教」，只會是耶穌基督說的「你們現在擔當不了」的基督教——聖靈降臨的基督教。在歷史中的過去、現在和未來，「我們」世人都「擔當不了」這樣的基督教。如果不是這樣，梅烈日柯夫斯基怎麼會曉得，「信仰與信仰意識不是一回事。不是所有想信仰的人都在信仰；不是所有想不信仰的人都不信仰」（《未來的無賴》，見《先知》，頁一二七）？

如果像但丁這樣的人生活中沒有任何無意義的偶然的東西，一切都是必然的、有意義的，那麼這一點就像一切事物那樣：但丁面向西方是暫時的，面向東方則是永恒的。但丁死在東西方的交界處，第一個預言全世界各國人民應該聯合起來的人正是應該死在那裡。……唯有在那裡，人們尋求自由時拋棄了上帝並且反對上帝，因而陷入開天闢地從未見過的奴役之中，他們將會理解但丁的話：「上帝給人們最大的賞賜就是自由。」」（《但丁傳》，頁一三）

如果「真正的鐵釘」在基督教歐洲的西方被丟棄了，就應該讓「現在擔當不了」的俄語思想把它找回來，儘管俄國老早就是東正教的俄國。對於把「活的靈魂」認作自己「祖國」的人，這「真正的鐵釘」才是世界上唯一的生命依靠。

與但丁一樣，梅烈日柯夫斯基「這樣的人生活中沒有任何無意義的偶然」。**我們**翻譯了如此至多的梅烈日柯夫斯基著作，但梅烈日柯夫斯基的精神抉擇是否也會成為我們的生活中意義深遠的**偶然**？提出抑或回答這樣的問題，都已經超出了漢語思想的精神視域。因而，對於**漢語精神**來說，終歸還得面對《約翰福音》中耶穌的話——我們「現在擔當不了」。

聖人的虛靜

——臆説梵澄的《老子臆解》

梵澄學術，成就多端，大要有四：翻譯西方現代大哲尼采的著述（完整的譯作有四部）、翻譯印度古今哲學要籍（部頭都頗大）、用英文述（或譯）介中國古代學術（譯《肇論》、《周子通書》，撰《小學菁華》、《孔學古微》、《唯識菁華》等），再就是詮釋古學經典（《安慧三十唯識疏釋》、《老子臆解》、《陸王學述》）。兼及中西印三大文明學術的中國學人屈指可數，大多不過浮泛涉獵、蜻蜓點水。梵澄在每一領域都涉獵頗深，不屬此列；何況先生勞作纍纍，有目共睹，絕非某些**傳說中的大師**。

魯迅有許多學生，迄今還不斷有人爭當他的學生。梵澄算得上貨真價實的魯迅弟子，卻偏偏不喜歡張揚與魯迅的師生情。筆者孤陋寡聞，知道梵澄時，還不曉得他是魯迅的私淑，只曉得他曾經翻譯過尼采（筆者在二十世紀八十年代初讀到過梵澄四十年代發表的譯文）。一九八四年，筆者在北京購得《五十奧義書》，隨後又得《神聖人生論》，大為吃驚——先生活着！竟然還翻譯這樣的書，而且部頭如此之大！

梵澄之為學術大師，並非因為他曾經是魯迅的學生。筆者後來才曉得，梵澄四十出頭方開始習梵文。其時梵澄在印度南方的阿羅頻多學院，生活困苦，有時不得不靠寫點字畫賣來換煙抽。《瑜珈論》（多卷本）、《薄迦梵歌》、《由誰奧義書》等，就是這個時候翻譯的。生活困苦也許並非學術的最大障礙，重要的是有**精神熱情**的自由。

一九八七年，為了答謝幾位經常寄書給我的美國教授，我買了十本《肇論》英譯本送這些洋教授，當時並沒有留意到譯者就是梵澄。其中一位教授是研究西方近代哲學史的，有論述浪漫派哲學的專著多種。他讀了我送他的《肇論》，興奮得很，說僅僅英文表達就堪稱精妙。這位教授很快寫出一篇從希臘哲學的時間觀來解讀《肇論》的長文寄給我（中譯刊於拙編《東西方文化評論》，第三輯，北京大學出版社一九九一），還以為我認識譯者，特別要我感謝譯者用典雅的英文通透傳譯如此精湛的思想。

筆者沒有見過梵澄先生。讀過《神聖人生論》後（當然沒有讀明白，《五十奧義書》則不敢開卷），曾經向一位研究印度佛學的朋友打聽梵澄其人。朋友興奮地描繪說，梵澄喜歡着白色長衫，瘦骨嶙峋——或者說一身道骨仙風。我請教梵澄學術的高明，這位朋友就一臉茫然起來……

一

依其早年的尼采翻譯和後來迻譯的印度哲學要籍，我猜梵澄學術一心所繫，乃晚年發表的《陸王學述》（上海，遠東出版社一九九四）一書副題所示：「一系精神哲學。」梵澄致青年友人的信可以印證我的猜測：

鄙人之所以提倡陸、王者，以其與室利、阿羅頻多之學多有契合處。（引自陸灝，《吉光片羽：回憶徐梵澄先生》，載《文滙讀書週報》，二〇〇〇年五月六日）

瑜珈學說教人修煉身心、煥發精神，就學說的性質論，屬於所謂「精神哲學」。提倡精神哲學者——無論陸、王還是阿羅頻多，在梵澄眼裡都是聖人。所謂聖人，並非宗教意義上的救世主，而是梵澄所謂哲人。梵澄對尼采的看法可以佐證：「尼采正是反對若干以救世主自命的人物。」（引自陸灝前揭文）

選擇尼采、阿羅頻多來翻譯，顯明了梵澄對「精神哲學」的熱情。但要理解梵澄的「精神哲學」觀，僅僅看他的譯作恐怕不夠。一九七九年，梵澄從印度回到故鄉，得知有帛書《老子》兩種，「亟求得讀之，以驚以喜……遂就全部老子哲學為之解」（《老子臆解》，北京：中華書局一九八八，頁一；以下僅隨文注頁碼）。詮解古典思想文本，同樣是一種翻譯——廖平所謂「豎譯」。通過這類翻譯，我想可能更容易窺見梵澄的「精神哲學」面目之一斑。如果要探究梵澄學術的高明何在，或者說要搞清楚梵澄對「精神哲學」

的理解，是不是得認真讀讀《老子臆解》？

果然，在「德經」開篇處，梵澄便說到前面提及的**哲人與宗教家的差異**。經上有「前識者，道之華也，而愚之首」，梵澄解釋說，把「前識者」理解為「先知」，就搞錯了。先知屬於所謂救世主一類，是真正的宗教家，所謂「前識者」，連宗教家的傳言也算不上，不過「無緣而妄臆度也」（韓非子語），屬於用鬼神、時日、卜筮疑眾害民一類，按古「王制」，搞「前識」這號人當屬格殺勿論者之列（頁五七）。不過，梵澄緊接下來說，老子在這裡對如此「以其流毒於生民者大」的邪門歪道「猶有寬大之意」。似乎鬼神、時日、卜筮一類雖然在哲人看來要不得，但如此封建迷信也算**民眾的食糧**，沒必要趕盡殺絕。重要的是得辨明：**哲人不搞**這類邪門歪道，精神哲學不是「前識者」一類。在另一個說到鬼神的地方，梵澄還引徵船山的話：「蓋鬼神者，君子不能謂其無，而不可與天下明其有。有於無之中，而非無有於無之中，而又奚能指有以為有哉！」正是在這裡，梵澄提到了宋明儒：

程子謂心靜而後能照，然聖人絕不為。程子並邵子之術數亦非之。王陽明習靜，亦嘗得先知先見同於此所謂「前識」，旋亦決然棄去，蓋偶爾知覺性得其照明，以為

無謂也。（頁五八）

陸、王是「一系精神哲學」中人，老子堪稱精神哲學這「一系」的鼻祖之一。如果要搞清楚梵澄對精神哲學的理解，看來非得從《老子臆解》入手不可。

在中國正統古學經典中，《老子》一書沒有「經」的名位，卻有「經」的實際地位——秦漢之際有「素王」一說，《老子》則堪稱「素經」。《老子》的授受起源至少不比儒家經書晚。從漢代到近代，歷代《老子》注釋足以比美儒家經師傳授經傳，自清代樸學興起以來，校注《老子》更是代不乏人，雖然對《老子》思想的詮解倒是日漸荒疏了。【二】

《老子臆解》由校詁文字和「臆解」義理兩部分構成，以後者為主。與其說《老子臆解》是《老子》校釋方面的新成就，不如說是一個值得認真閱讀的**哲學事件**。這並非是說，梵澄在校詁文字方面功夫不力。用古字義和古人的解釋來校詁《老子》中的字義，梵澄用心其實頗深。這裡僅舉一例。

《道經》首句「道可道，非恒道」（通行本作「非常道」），強說者歷來代不乏人。梵澄注意到，帛書《老子》兩種皆有「也」字，「也」古為疑問詞，同「邪」亦即「耶」，據此，梵澄將這句經文句讀為自問句：

道，可道也（耶）？非恒道也（耶）？名，可名也（耶）？非恒名也（耶）？

古哲文字，一字千斤，果然如此。晚出的古籍學家的帛書《老子》校釋，雖然列出種種古人詮解，卻未見留意這不起眼的「也」字。【二】

梵澄的校詁是否得當，應由專門家另說，至少這「也」字一解為理解《道經》開首句提供了另一理解的空間。梵澄自謂，「以古字義解古文義，亦時有煥然冰釋，怡然理順者」（「序」，頁二），然也。

帛書《老子》出後，《老子》研究天翻地覆。從篇次順序、分章到字句的脱衍，今本《老子》無不受到質疑。【三】古學大師**張舜徽先生**早歲便潛心於歷代諸家《老子》校釋，

【一】參見張舜徽，《周秦道論發微》，北京：中華書局一九八二，頁九三—九四；熊鐵基、馬良懷、劉韶軍，《中國老學史》，福州：福建人民出版社一九九五，頁一四五—一五〇。

【二】參見高明，《帛書老子校注》，北京：中華書局一九九六；戴維，《帛書老子校釋》，長沙：岳麓書社一九九八。

【三】據説，今本《老子》十句中就有一句走樣。參見尹振環，《帛書老子與老子術》，貴州人民出版社二〇〇〇，頁六六—一〇一。

花了幾十年時間寫成《老子約義》。帛書《老子》出後，張舜徽竟毅然推倒成稿，依帛書甲乙本重新寫定文本，不分章次，注疏多依古注，成《老子疏正》兩卷（參見張舜徽前揭書），由此可見帛書《老子》出土的衝擊力。可沒過多久，又有郭店楚簡本《老子》出土，學界紛傳帛書《老子》也要不得了——非忠實於原本，加油添醋、任意刪改云云……[一]

《老子》**真本何在**？古人真的像我們今人想像的那樣敢加油添醋、任意刪改？從楚簡本經帛書本到王弼本，會不會經歷了一個複雜、艱難的整理編輯過程？[二]倘若如此，經漢以後歷代學者校刊整理的王弼本並非全無可取。再說，漢以後在歷史傳衍中產生思想性影響的，乃**出於漢唐**的今本。

如果要接上《老子》的義理解釋史，看來主要還得依據出於漢唐的今本。由此可以理解，《老子臆解》為何乃採用屬於今本之一的道藏所出題為唐傅奕校訂的《老子古本》為底本（而非籠而統之的所謂河上公—王弼本），[三]同時參校帛書本和今楊樹達《增補老子古義》。儘管如此，梵澄並沒有將自己的這部書命名為《老子校詁》一類，說明他自己真正用心用力的，不在文本校詁，而在義理闡釋——所謂「臆解」《老子》。

即便根據帛書本整理出一個「真正順序」的《老子》文本，《德道經》並非就成了一篇有內在邏輯聯貫的**哲學論文**。看起來它仍然像個語錄輯本，重複的言論不少，章與章之間也沒有一個延伸發展的**論述關係**。這就給從義理上詮解《老子》帶來困難。梵澄沒有着意要給《老子》中的思想「臆解」出一個現代西洋人才喜歡搞的那類周全的體系（諸如人性論、宇宙論、經濟學説、政治學説之類），而是**隨文詮解**。這種看似有些隨意的詮解，並非沒有依循一定的解釋原則。梵澄給自己提出的解釋原則曰：「解明書中之義理，恰如其分，適可而止。」（「序」）

既然如此，梵澄的這部著作應該名為《老子正解》才對，何以名為「臆解」？與坊間各種《老子》校釋本相較，梵澄並沒有着意收羅歷代各家注疏，然後下以己意。梵澄的「臆解」更多在於旁通儒家教誨，甚至旁通西洋哲學和宗教（凡十餘見，提到

【一】參見郭沂《郭店楚簡與先秦學術思想》中的楚簡《老子》校釋一章，上海教育出版社二〇〇一，頁四九——一三六。

【二】參見丁四新《郭店楚墓竹簡思想研究》中的穩當辨析，北京：東方出版社二〇〇一，頁四〇——七二；亦參彭浩，《郭店一號墓的年代與簡本〈老子〉的結構》，見《道家文化研究》，第十七輯，北京：三聯書店一九九九，頁一三——二一。

【三】今本河上公及王弼注《老子》，亦「皆經後人竄亂，非河、王所用原本」。古學大師、蜀學的現代殿軍蒙文通先生滙集唐開元前各家引文探古本《老子》，可見今本河上公及王弼注《老子》也不可靠。參見蒙文通，《道書輯校十種》，成都：巴蜀書社二〇〇一。

柏拉圖、耶穌、康得等西方聖人），間或參映印度佛學思想。這還不足以表明，《老子臆解》並非整理古學文獻的注疏家之作，而是一個「精神哲學」家的解釋之作？倘若如此，所謂「恰如其分，適可而止」的解釋原則很可能主要不是就《老子》義理本身而言的。

梵澄一生與中西印經典打交道，對於西學，不僅涉獵西洋哲學，也用心於基督教。據說，梵澄先生晚年曾起心用文言體據希臘文和拉丁文重譯《聖經》——偉哉此念！雖然此功未竟，《老子臆解》中還是留下了用文言體譯福音書中基督之言的痕跡（頁一〇一）。不過，雖然旁通西洋哲學、基督教和印度佛學思想，《老子臆解》更多旁通儒家諸經和《論語》、《孟子》，不廢《莊子》和墨家，不僅不理會所謂黃老學與莊學的區分，也不理會「六家要旨」的區分。梵澄相信，「其時諸子百家之分割未嚴，而古之道術原有同者」（頁八六）。所謂「恰如其分」，也許首先指「恰如其分」地把握先秦時期六家同有的「古之道術」的要核。

二

將陸王心學與老子思想繫在一起，或者老學與孔學合說，總得說出點名堂才行。梵澄歸宗儒家，而歸宗儒家者採老氏學，並非現在才有——漢代就已經有了：「《老子》之言道、德，吾有取焉；及搥提仁、義，絕滅禮、學，吾無取耳。」（楊雄：《法言．問道》）《陸王學述》表明，梵澄深喜宋儒有年，英譯《周子通書》必先吃透原文，想必梵澄對周子學浸淫頗深。然而，朱子嘗言，《通書》是解說《太極圖說》的，《太極圖說》則據說創自河上公，周子為「《太極圖說》，窮其本而反於老、莊，可謂拾瓦礫而得精蘊」（《宋元學案．朱陸太極圖說辯》）。看起來，《老子臆解》的思想立場也不過如此，但梵澄標舉「古之道術」為其所謂「一系精神哲學」的源頭，至少意圖與宋儒就不大雷同。與晚出的《陸王學述》相關，《老子臆解》是否意在揭示中國傳統「一系精神哲學」的要核？倘若如此，《老子臆解》的意義就難以估量了。

「古之道術」不是現代意義上的「學術」，而是救濟天下的**政教之術**：「先秦諸子，無不欲以其道濟天下。」在梵澄看來，即便倡言逍遙物外的莊子也不例外（頁四三）。河上公注「常道」為「經術政教之道也，非自然長生之道也」（參見高明前揭書，頁二二二），可證古人知道《德道經》講的是**政教之術**（張舜徽前揭書所謂「南面術」）。梵澄標舉的不是「精神哲學」嗎？未必「精神哲學」就是「以其道濟天下」的「道術」——政教之術？如果真是這樣的話，「精神哲學」豈不成了所謂「政治哲學」？難道梵澄迻譯尼采、阿羅頻多和述陸王學無異於在暗中搞政治哲學？再說，又該如何從政教術來理解《老子》中玄乎其玄的「道」、「無」、「象」一類語詞？

《老子》通常被看成中國哲學原典第一範本，也就是說，是第一本以一個人的名字命名的著作（前面據說還有《管子》，但古籍家勘定《管子》雜出眾手）。儘管《老子》實際上仍然很有可能是多人（至少所謂「兩個老子」）寫成，「老子」畢竟已經成為兩千多年不易的**個體形象**。對於今天的漢語思想來說，這個體形象就是「哲人」。一位頗有古學功夫的學者前不久還如此解釋老子的思想：春秋亂世，人們開始懷疑「過去對鬼神、政治、社會、倫理的成規信念」，甚至懷疑人的有限度的智慧和智識，「嚮往於一超越有限人世的『道』（真理），但又懷疑這超越的『道』，不是由人的智識和作為所能『為』的。這是《老子》定本的主要思想」。【二】初看起來，梵澄對《老子》的理解與這類哲學式理解相差不多：

老子蓋由洞明歷史而成其超上哲學者。曠觀乎百世之變，而自立於九霄之上，下視人倫物理，如當世之嘵嘵者，若屑屑不介意，獨申其還淳返樸之道。（頁二一六）

既然如此，《老子》義理又如何是一個政教之術法呢？**哲學不是宗教**。據說中國宗教不發達，恰恰因為早在晚周時期，中國的哲人就開始克制宗教。梵澄已經明確說了，老子不是宗教家（不是救世主），因此，所謂「還淳返樸之道」不能理解為宗教的「道」。但「還淳返樸之道」就是政教之「道術」？後世追隨老子想要還淳返樸的人，難道都心懷經營政教之術的鬼胎？道教士肯定不會同意。**任法融道長**就說，《老子》所謂「道」，「實為陰陽未判之前的混元無極」。【二】無論如何，梵澄看來是站在哲人一邊的。

稱老子為「哲人」是什麼意思？未必救濟天下的政教之術就是今天所謂**中國的**哲學？「哲學」的稱法中國古代書中沒有，這個詞據說是近代日人為翻譯西洋的**Philosophia**挖空心思想出來的。【三】如果把老子稱為「哲人」，是否意味着他就是柏拉圖、亞理士多

【一】陳啟雲，《先秦諸子的思想及門派：歷史研究與經典詮釋》，載《中國大學學術講演錄》，桂林：廣西師範大學出版社二〇〇一，頁二〇〇。
【二】任法融，《道德經釋義》，西安：三秦出版社一九八八，頁一一。
【三】參見陳啟偉，《「哲學」譯名考》，載《哲學譯叢》，〔三〕二〇〇一，頁六六—六七。

德一類形而上學家？

在「臆解」不可言說的「道」時，梵澄覺得，老子與柏拉圖在推理方面確有相似之處（頁三六）。而且，《老子》五千言好像確有不少地方說到形而上的東西。真正堪稱精通西文的梵澄說，漢語與西語各有千秋，漢語勝於西語的地方不少，但就形而上學語言而論，不一定如此。經上有「自今及古，其名不去，以順眾父。吾何以知眾父之然也？」梵澄解釋說，這裡所謂「眾父」，用今天的語言來說就是「萬有」或「萬事萬物」；至於「眾父」之後的「然」，用今天已經西化的漢語來講，則當為「是」或者「此存在之為此存在」（據聞眼下學界正在論爭「是」抑或「存在」的譯法），因此就不如西文Being或L'etre或das Sein來得便當（頁三〇——三一）。當代泰西大哲海德格爾曾經指望通過Sein打通與中國古老思想接榫的關節，而且事關救濟天下的政教大事——海德格爾認真研讀過的，恰恰是《老子》五千言（可能還有莊子）。這樣看來，說老子是柏拉圖、海德格爾一類西方形而上學家，似乎錯不到哪裡去。

梵澄「適可而止」。

他並未斷言《老子》五千言是西方意義上的形而上學書。相反，梵澄在多個地方指出，對老子思想最大的誤解，莫過於把「無」當成了一個形而上學概念。經上有很像形而上學的「有生於無」句，有論者以為，這是「中國哲學史的第一座里程碑」，因為「無」這個詞在老子那裡具有「總括萬有的特點」。【一】梵澄卻以為，「無」說的不是「宇宙之如何形成」，而是說萬有生於時空之「虛」地。老子並沒有追究物質「何至而起」一類的形而上學或「宇宙創化論」問題（頁六二），也不像西方宗教家那樣，要給世界的創造者一個名稱。這種命名本身就是在探究宇宙的起始，而老子似乎懂得，要究明宇宙何由、何故開始，不是「人類思智」所能及的（頁七五）。

梵澄的詮解很清楚，對於宇宙的本源，老子的意思不是不能說、不可道，因而得神秘兮兮地說——或者說得恍惚兮兮，而是根本無從曉得，因此不需要問。又謂老子不像西方宗教家那樣，要給世界的創造者一個名稱，梵澄顯然指《舊約．創世記》中的「上帝」。按照一種別有見地的解釋，《舊約．創世記》中的敍述本意並非在講上帝創世，相反，倒是意在打消人們詢問宇宙起源的好奇。《創世記》第一章看起來講的是所謂創世的「宇宙論」，其實，舊約先知根本不關心希臘哲人喜歡講的什麼「宇宙論」。藉「上帝說」的

【一】參見任繼愈，《中國哲學史的里程碑：老子的「無」》，載《道家文化研究》，第十四輯，北京：三聯書店一九九八，頁一一八。

敍述方式談論「創世」，不過要把人們的注意力從天上引到地上，讓人關注地上——也就是人類生息的唯一場所——的事情尤其惡的事情。【一】身份神秘莫測的老子是不是有點像《創世記》中的敍述者，同樣要人們關注地上的事情——尤其惡的事情，而非「宇宙」的起源？

今本《德經》中有「以道蒞天下」句，帛書乙本寫為「以道立天下」。在這裡，梵澄對文義的解釋依從了帛書本，理由是義理性的，而非因為帛書本更古。「以道立天下」表明道在天下之內，而「以道蒞天下」似乎道在天下以外（頁八八）。不過，梵澄並沒有說，老子之言像希伯來先知的話，而是說像西洋某些哲人：經上的「知止所以不殆」句恰恰表明了「一至高遠之理想」，「歐西聖哲類似之說多有」（頁四七）。換句話說，老子不談「宇宙論」，恰恰與西方哲學的大師們若合符節。如果非得要對「道」或「一」作直接陳述，老子當然只能說「微、希、夷」，有如康得的「Ding-an-sich，終不可得」，或者如柏拉圖所謂洞穴人在幽暗中藉洞穴外的微光看到壁上的影像（頁一九）。

梵澄拒絕按「宇宙論」式的形而上學詮解《老子》，並非比照猶太經學，而是依據某種中國「哲學」：「就哲學言，絕對之無蓋不可有」（頁一五）。將老子玄學化的王弼被當今的哲學史定性為形而上學大家。【二】梵澄則以為，王弼雖然大談「有本於無」，實際上要說的恰是「絕對之無蓋不可有」。似乎基於這樣的中國哲學，梵澄才進一步參證西洋哲學。梵澄區分了西方兩類哲人——古典類的（柏拉圖、康得）和現代類的（思辨哲學），並且斷言老氏近西方的「歷史哲學」類，「非如近世之純思辨哲學，未為經驗論所範圍」（頁一〇一）。既然梵澄沒有說老氏學是形而上學——像通常人們說柏拉圖或康得哲學那樣，而是說「精神哲學」，我們至少有理由期待他對柏拉圖或康得哲學何以是一種「精神哲學」有個說法。然而，梵澄「適可而止」，沒有講下去。

用西洋哲學觀來詮解中國古典思想文本——所謂經典，幾乎是現代中國思想的**世紀性特徵**。正如不難看到的那樣，如此對中國經典的西化詮解——無論新實在主義、康得主義、黑格爾主義、新老馬克思主義、弗洛依德主義抑或海德格爾主義的詮解，不少時候讓人覺得實在有點過分。**陳寅恪先生**曾經說：「吾中國文化之定義，具於白虎通三綱六紀之說，其意義為抽象理想最高之境，猶希臘柏拉圖所謂Idea。」這話幾乎已經成了金科玉

【一】參見施特勞斯，《〈創世記〉釋義》，林國榮譯，見劉小楓、陳少明主編，《經典與解釋二：柏拉圖的戲劇》，頁一六七—一八八。

【二】參見任繼愈主編，《中國哲學發展史》（秦漢卷），北京：人民出版社一九九八，頁六五〇。

律，經常被當做學術權威來引用，很少有人想一想大師會不會把柏拉圖搞錯了。直到前不久，才見有人出來說：

希臘詞Idea的日常含義是「外觀、外貌」，與動詞idein是同一詞根，都有「看」的意思。柏拉圖就提到，悲劇詩人阿迦通「看起來非常俊」（*τὴν δ' οὖν ἰδέαν πάνυ καλός*，《普羅塔戈拉》，315e）。Idea的較為抽象的用法是「種類」、「形式」，蘇格拉底在同友人討論各種政體時問：「你還能提出任何其他形式的政體嗎？」（*ἤ τινα ἄλλην ἔχεις ἰδέαν πολιτείας*？《理想國》，544c）。最帶有今人所謂Idea意味的，是蘇格拉底說：「善的Idea是最大的知識問題」（*ἡ τοῦ ἀγαθοῦ ἰδέα μέγιστον μάθημα*，《理想國》，505a）；「Idea是思想而非看見的對象」（*τὰς δ' αὖ ἰδέας νοεῖσθαι μέν, ὁρᾶσθαι δ' οὔ*《理想國》，507b）。無論哪種含義，都與「三綱六紀」八竿子打不着邊。「三綱六紀」可能更接近希臘的所謂nomos，這個詞的意思是成文法、習慣法、習俗，蘇格拉底所謂：「每一種統治都制定對自己有利的法律（*τίθεται δέ γε τοὺς νόμους ἑκάστη ἡ ἀρχὴ πρὸς τὸ αὑτῇ ξυμφέρον*），平民政府制定民主法律，獨裁政府制定獨裁法律，依此類推。」（《理想國》，338e）。司馬遷說，「有國者」、「為人臣者」、「為人君父」者、「為人臣子」者，都得通《春秋》之義。為什麼呢？「《春秋》者，禮義之大宗也。夫禮禁未然之前，法施已然之後；法之所為用者易見，而禮之所為禁者難知」（《史記‧太史公自序》）。（肖般，《「老任務」的新世紀？》，見《書屋》，二〇〇二，頁三七）

儒學不是「理念」哲學（形而上學）——也不是宗教（神學），而是**禮法學**，正如猶太經學既非哲學也非信仰式神學，而是**律法學**。國學家講國學不懂分寸已久，梵澄不屬於**這類現代化的中國哲人**，參證西洋哲學詮解中國古學時，他懂得守分寸，「適可而止」。

三

為什麼對於梵澄來說，「古之道術」就是今天所謂精神哲學？

《老子》五千言雖然顯得蕪雜甚至不成條貫，畢竟有一個基本題旨或者說寫作（編輯）意圖。如果《老子》五千言主要講的不是「宇宙論」的形而上學，講的是什麼？梵澄多次提到，《老子》一書為「侯王」而作，「侯王」就是「聖人」（頁二三、二四、五〇、五九、一〇一）。「道經」章首句中的「道」，在梵澄看來，就是現世王者「化天下」之「道」（頁三）。按梵澄的詮解也許可以斷言，《老子》五千言的基本題旨或者說寫作意圖當是救濟天下的政教之術。可是，這樣一來又如何與所謂老子的「哲人」身份相一致？在梵澄眼裡，究竟何謂「哲人」？

要搞清《老子》五千言的寫作（編輯）意圖，不僅得弄明白**誰在說、說的是什麼**，還得搞清楚它預設的**言說對象是誰**。也許可以說，搞清寫作意圖與搞楚預設的言說對象同樣重要，甚至是同一個問題。這些問題對辨明老子的「哲人」身份非常重要，也對我們弄清楚梵澄所謂老氏「精神哲學」的含義非常緊要。

據統計，《老子》中「聖人」一詞凡二十五見，還有「我」、「吾」一類主詞（凡二十四見）——「只有聖人、聖君方敢當其稱」（尹振環前揭書，頁一一四注釋），加起來共四十九見。是不是可以由此斷定，《老子》作者意識到自己是聖人，而預設的聽者對象則為同「道」——也是聖人？倘若如此，《老子》就是講聖人的書，或者說，是**聖人寫給聖人的書**。梵澄多次用「哲人」稱老氏，又一再說《老子》是為「侯王」而作，如果《老子》中的「聖人」就是「侯王」，或者反過來說，為「侯王」者首先應當是「聖人」，是否可以說，《老子》五千言講的是**如何當侯王，是侯王寫給潛在的侯王的書**。

這樣說來，「一系精神哲學」其實是當「侯王」的哲學。在說「朱、陸並尊」時，梵澄說「朱子之可尊」，不僅因為他是偉大的教育家，也因為他是「很能幹的政治家」，「朱子平生的心力，是至少一半耗費在政治上了」（《陸王學述》，頁二三一—二三二）。說梵澄的「精神哲學」就是古之政術，似乎錯不到哪裡去。但梵澄連一次也沒有說過老子學是政治哲學，倒是起碼兩次說是「歷史哲學」。「歷史哲學」怎麼也是「古之道術」了呢？「歷史哲學」同樣是個現代的詞兒，倘若「精神哲學」與「歷史哲學」都是「古之道術」，何以要多此一舉標舉兩種「哲學」之名？

這問題一時想不通就暫且擱下，沒有必要急於斷言梵澄老先生恐怕搞錯了。我們還是先來搞清梵澄稱老氏為「哲人」是什麼意思。

中國古學中沒有「哲學」之稱，也沒有「哲人」的說法。梵澄說《老子》中的「聖人」（「侯王」）就是「哲人」，是否意味着西洋所謂「哲人」就是中國古代所謂的「侯王」？並非筆者也想在這裡來參證一番西洋，而是梵澄自己在參證。幸運的是，這一次梵澄有明確說法：老子理想中的治國之人就是「聖人」，「與古希臘哲學言聖王」相同（頁三三三）。

古希臘哲人中誰在講「聖王」？業內人士都曉得，是柏拉圖在大談所謂Philosopher-king。柏拉圖在說到「善的Idea是最大的知識問題」和「Idea是思想而非看見的對象」一類話題時，談話的主題正是：哲人是否應該「當城邦的領袖」（《王制》，468b）。柏拉圖筆下的蘇格拉底對這問題的回答起初蠻猶豫，因為他覺得，「大多數哲學家變壞是不可避免的」（《王制》，489c）。儘管如此，蘇格拉底還是認為，如果「極少數未腐敗」的哲人治理城邦的話，「無論城市、國家還是個人才能達到完善」（《王制》，499c-d）。說到底，在《王制》中的蘇格拉底看來，「極少數未腐敗」的哲人治理城邦畢竟是理想而已。通西學的梵澄對此應該知道得很清楚：

> 倘使賢者在位，能者在職，豈不可期郅治？然此理想而已，自古未嘗見於實事，東西方皆然。（頁五）

「古之道術」之所以堪稱「精神哲學」，意味着統治者或治人者自己首先得有成聖的功夫。稱老氏為「哲人」，意思恐怕是說，雖然《老子》書講的是「南面術」，但「南面」者首先得是「聖人」。

如果梵澄先生還在世，我想他一定不會對我在此提出一點兒異議不高興。賢者在位「自古未嘗見於實事」，恐怕不符合先生崇尚的儒家教誨。按筆者道聽塗說的儒家教誨的一點皮毛，儒家向來稱頌三代為聖王之治。這樣看來，賢者在位就並非「自古未嘗見於實事」——無論考古家如何考證，賢者曾經在位至少是儒家相信的歷史事實。

倘若如此，中國古代的「哲人」（聖人）可能就並非所謂柏拉圖的「哲人—王」。因為，「哲人」在中國古代政體中一開始就在「王位」，而非柏拉圖的「哲人」還在那裡費腦筋想是否應得王位。按西方的「今文家」對Philosopher-king的解釋，將哲人與王連接起來的那個連字符，其實隱含着分離的含義：哲人與城邦各自有其所能達到的最高境界，兩者之間的差異不可能彌合或消除。【二】如此說來，哲人當王根本就是要不得的事情——遑論理想。

周公無疑是儒家的聖王，不僅是理想中的，也是歷史事實上的。當年周公見到舉國上下耽於宴飲，憂心如焚，發了篇禁酒通喻（《尚書．酒誥》）。其中說：「在昔殷先哲王迪畏天顯小民，經德秉哲，自成湯咸至於帝乙，成王畏相，惟御事，厥棐有恭，不敢自暇自逸，矧曰其敢崇飲？」在這裡，周公開出了歷史上值得稱頌的聖王清單，尊為

【二】參見伯納德特，《施特勞斯的〈城邦與人〉》，見劉小楓編，《施特勞斯與古典政治哲學》，上海：三聯書店二〇〇二。

「先哲王」（注意皮錫瑞：「今文不以帝乙為紂父」，《今文尚書考證》，北京：中華書局一九八九，頁三二四—三二五）。所謂「哲王」，就是「畏天明命，下及小民，惟行其德，執其敬」者（參見孫星衍，《尚書今古文注疏》，北京：中華書局一九八六，頁三七八）。「哲」的原初含義就是**畏天明命、惟行其德**，這不就是梵澄先生所指的「精神」？

梵澄作《老子臆解》時已經年過七旬，年紀大了下筆走神也不是沒有可能。實際上，梵澄當然知道「一系精神哲學」源於先哲王：「精神哲學溯源當在孔子以前，易經時代或當殷之末世。」（《陸王學述》，頁二二）「睿哲」本來就是用來描述聖王舜的（《尚書．舜典》：帝舜「睿哲文明，溫恭允塞」），中國的「哲人」原祖不是像巴門尼德那樣寫教誨詩，或像蘇格拉底那樣要嘴皮子，或像柏拉圖那樣寫戲劇的人，而是像周公發誥示那樣制禮作樂當王的人——文王演八卦，「王者之跡熄而《詩》亡」（《孟子．離婁下》）。春秋之際，「哲人」與王位分離，才有了「哲人」要當王的問題出來（孟子所謂「詩亡然後《春秋》作」，公羊子所謂孔子「以春秋當新王」），那是後話。如果史遷說孔子向老子請教「禮」是真的，再看《老子》中的言論是聖人（侯王）寫給聖人（侯王）的，起碼在老子的時候，聖人（「哲人」）與侯王的身份還沒有徹底德位分離。

「德經」上有關鍵性一句：

> 昔之得一者：天得一以清，地得一以寧，神得一以靈，谷得一以盈，侯王得一以為天下正。

最末一句清楚表明，「侯王」先需要「得一」，然後才能治天下。聖王的統治要藉助禮法，那麼，禮法是否就是聖王之「道」？

儒家的聖王之「道」可以說是禮法，因此「祖述堯、舜，憲章文、武」。但梵澄說，這未必是老子的意思，因為這無異於「執古之道以御今之有」（頁二〇）。這樣看來，河上公注「常道」為「經術政教之道也」，恐怕也是在用儒家注《老子》。老子的意思是，「倘使典章制度，粲然修明，上下各盡其法守」，反而會讓國家生亂（頁二四）。但梵澄斷定，老子非仁義是「滅裂仁義之虛名，非滅裂仁義之實事」，也就是「不泥古以取法於先王」（頁四九）。梵澄注意到，老子大「王」，稱為與「道」、「天」、「地」齊的「國中四大」（頁三六），可見老子重的是「侯王」而非「禮」。但這並非意味着禮法對於老子來說就不重要，毋寧說，由於聖人與侯王還是一體——德位沒有分離，也就不存在要「復禮」或「隆禮」的問題——聖人失王位後，才有必要竭力主張禮法的首要性——就像柏拉圖筆下放棄當王念頭的哲人會主張**禮法的首要性**。聖人在王位，聖人就是禮法的製作者——所謂「王法」，用今天的話說，聖人乃統治的**正當性法源**。「封建之制，一人為君主而萬事取決焉」；對於梵澄來說，人世間有「王」天經地義，這個人之主應該在「德量、識度、才智、學術」等方面都超過「眾人」，即便在今天，「事大人多，必有一人為之主」，只不過這人之主「必由大眾成之」（頁四九—五〇）。現代民主政體與古代「侯王」政體的差別，僅僅在於「侯王」「必由大眾成之」，並沒有改變「必有一人為之主」的統治事實和治人者必須有「德」這一前提。

當然，儘管侯王為睿智（等於「畏天明命」）之人（聖人），總得依靠百官來治民，因而所謂「人道」並非如今人想像的「人權」、「民本」之類，而是指群臣（「無為而尊者，天道也；有為而累者，人道也。主者，天道也；臣者，人道也」《莊子．在宥》）。但強調這一面（比如韓非子），並不等於就不講「得一」了（《韓非子》中有「喻老」篇絕非偶然）。聖人連接天道與人道，也就是所謂「畏天明命，下及小民，惟行其德，執其敬」。「畏天明命」中的「天」和「命」正好可以用來解「侯王得一」的「一」。梵澄說得很清楚，「侯王」首先是「體道者」（頁一〇一），這就是老氏「倡聖人之治」的意思

（頁一〇八）。「得一」才能行「人道」，因而，所謂「南面術」當然就首先得從「精神哲學」的含義來理解——「南面術」這個名稱只是在今天的知識分子耳朵裡聽起來才不舒服，其實，它的含義可以說就是「精神哲學」。

梵澄表面上講「精神哲學」，實際上講為人之主的事情，是為了讓今天的知識分子聽起來舒服？

未必如此。侯王必是聖人，為人主者必法天（畏天明命）而行（惟行其德，執其敬）；為王者得有很高修養，「得一」就是「體此一」（頁五九）。所謂體「一」，用今天的話說，當然是所謂「精神哲學」的功夫。

「一」就是「道」，梵澄說，當聖王就是孔子所謂「吾道一以貫之」。要貫「道」需先「體」道（不曉得「一貫道」是否取名於此），因而當聖王的功夫在「養氣」——通過調整呼吸修煉心思和意志。梵澄引徵孟子，似乎孟子的「浩然之氣」說其實也應該理解為聖王的自我修煉功夫（頁一三——一四）。今儒追隨宋儒發皇氣論，把「養氣」變成了知識分子的修煉功夫，當王的問題似乎不見了。梵澄顯然要恢復養氣說的原初「精神」含義——先儒講養氣、修身，都是為了當王（「治國平天下」）；儒家講的修身就是老子講的建德而抱道，《大學》中講「靜而後能安」，就是老子所謂致虛靜的聖人修煉（用梵澄的話說，「虛其心，靜其意，然後能觀。事縈於懷則不虛，方寸間營營擾擾，則亦不能靜」），目的都是為了治國而非成仙（頁二三、七八）。梵澄在當王功夫的關節上打通老學與孔學，「古之道術」為「精神哲學」之意至此明矣。

四

侯王是治者，民是被治者。侯王即聖人，聖人即「治國之侯王而明聖者」（頁八八）。既然《老子》是侯王寫給侯王的話，就不會不明講治民的事情。果然，《老子》中涉及聖人的語詞凡四十九見，「民」及其相關語詞為數也不少（「民」三十四見、「百姓」五見、「眾人」四見，凡四十三見）。對聖人（侯王）來說，「可欲」的自然是「化天下」。這裡沒有什麼現代自由民主論的所謂「中國資源」，而是明明白白的人主論。梵澄為「邦利器不可以示人」辯解，說這並非要「教人用此機以陷人」，「醫言堇可以殺人，非教人以飲堇也，教人免於其禍也」（頁五一—五二）。梵澄在這裡將「邦利器」比做醫生的話，是否有特別用意——「國家醫生」（柏拉圖筆下的蘇格拉底語），就不便猜測了。對梵澄《老子臆解》的詮解，也得遵循其自身的解釋原則——「適可而止」。

老子不是主張讓百姓自治嗎？

一心繫於「精神哲學」的梵澄曉得，「化天下」說起來容易，做起來難。因為，「平民，上品君子少。其下品極惡者，亦少。為不善，為不信矣」——柏拉圖通過蘇格拉底之口說過大致差不多的話（參見《高爾吉亞》）。梵澄接下來說，「將與之爭變詐之智，兇暴之為，以懲其不善不信，如今日之歐、美乎？」看來，梵澄不那麼欣賞如今歐美的自由民主制，那不是「化天下」的政體。現代的自由民主政體讓人閑放安逸，梵澄用老子的目光看到，「閑放安逸之輩多，奢靡淫逸之風盛，變詐巧怪之智起，盜賊劫殺之事滋」（頁八六，參頁七一、八二）。「化天下」當然是要治民，因此首先得有能「化天下」之人（侯王），這就是為什麼「精神哲學」是首要性的。所謂老子教誨的侯王無為，不是不施治，而是讓民被治時感覺不到自己在被治：潛移默化民眾於不知不覺之中，讓「下品極惡兇頑刁詐猾賊之風」自然而息（頁七一）——這才是極高明而道中庸的治（「化天下」）。如此看來，侯王老子的無為之治無異於模仿先哲王所謂的「玄德」（《尚書・舜典》：「玄德升聞，乃命以位」）。

經上有「是以聖人之治也，虛其心，實其腹，弱其志，強其骨。恒使民無知無欲也。使夫知不敢弗為而已。則無不治也」——梵澄詮解說，這意思是：不要讓民人知道他們

不該知道的，不讓民人欲求**不該欲求**的（參見頁六）。《老子臆解》一再提到「近代西洋文明之病」（頁一六、七一、八二），指的就是近代西洋民主政治讓人民知道了不該知道的，進而使得人民欲求不該欲求的。縱情聲色是現代病，梵澄說，老子的聖人—侯王之治就是要「去其浮華而崇實際」（頁一六）。

這不等於違背人民的某些自然慾望？的確如此。

梵澄的意思一點不含糊：「老氏之教，尚清虛寡欲。學人之所不學，以反眾人之所為」（頁九五）。可是，不順從人民的某些自然慾望，絕非等於聖人—侯王不愛民。梵澄看得很清楚：聖人—侯王的潛行不宣（「玄德」）之治說到底是養民——老子所謂「愛民活國」（頁一四）。關鍵在於，「愛民活國」得有「術」——**隱惡揚善**之術：

古今中外，惡終不能勝善。然則化之必以善物。究其極，且將如舜之隱惡而揚善。（頁七一）

要隱惡揚善，首先得區分善惡。**誰能區分**？「百姓誠不能皆信皆善，生有不齊，品質殊異，才器各別，均之皆中等，視為上者之倡導而轉移」（頁七一）。沒有堯、舜、周公一類聖人—侯王，隱惡而揚善的「化天下」何以可能？

由此可見，聖人—侯王在得位之前的修養功夫何其重要。「立德行道，必先修於其身，先體驗之以明其真偽也」（頁七八）。既然如此，雖然中國古代的「哲人」從歷史上說一開始就在王位，從義理上說，柏拉圖的「哲人」何以應該為王的問題依然在先——禮法學還得為「精神哲學」先留地盤。

梵澄不欣賞歐美的自由民主制，不等於反對或不贊同自由民主制本身。

經上有「古之為道者，非以明民也，將以愚之。民之難治也，以其知也」。通常這被看作老子倡「愚民政策」的鐵證，而「愚民政策」在今天等於罵人話，梵澄卻似乎努力要理解侯王老子的用心：「不以智為國，而天下庶可休息於小康」（頁九六—九七）。梵澄並非不食人間煙火，曉得現代之後「民智已啟」。所以他說：既然民智已啟，**索性開民智到底**，讓民達到「大智」，這樣就可以「使其自治」（頁九六—九七）。讓民達到「大智」，按「精神哲學」的理解，是不是要讓民都成為聖人？的確如此。人人可以成聖人，正是宋儒的主張。正因為如今已是現代民主時代，梵澄才覺得「有重溫此宋明精神哲學之必要」（《陸王學述》，頁一六—一八）。說到底，梵澄還是恪守了現代的「政治正確」——贊成自由民主制。

五

梵澄沒有說老氏學是「政治哲學」而說「歷史哲學」，看來有他的道理。與梵澄縈縈於懷的「精神哲學」有關係的並非「政治哲學」，而是「歷史哲學」。

何謂老子的「歷史哲學」？在海德堡大學唸過哲學的梵澄，肯定不會不曉得，這個術語是德國近代哲學的發明。既然說的是老子，梵澄所謂「歷史」肯定指的既非西洋歷史，也非黑格爾所謂的「普遍歷史」，而是中國的「歷史」。

然而，什麼意義上的「歷史」——而且還有「哲學」？「老子蓋由洞明歷史而成其超上哲學者」，究竟是什麼意思？

史書上傳說老氏學「自黃帝始」，梵澄講老子深諳《易》理（頁三二），有論者考證，《老子》是《尚書》的延續（尹振環前揭書，頁二四七—二六〇）。《易》和《尚書》為先哲王所作，老氏書是侯王寫給侯王的，與儒家經書一樣，原本是聖王術的門道。梵澄說老氏學是「歷史哲學」，指的是《老子》書有聖王血統（「歷史」）？

又或，在如今的哲學史書上，老子多被說成與儒術對立的黃老之術，但在梵澄看來，其實這兩種術在本義上相同，都講究「以百姓之心為心」：儒家的樂民之樂、憂民之憂，就是老子的「百姓治百姓」（頁七〇）——其實都源於先哲王的「玄德」。老子的「道」是聖人之「道」，雖然無以名之，其實不外「遠以治國，近以修身。治國，以謂任其道則萬物賓服，人民不待法令而自然治平也」（頁四六）。老子是孔子的老師，這件事情據說已經坐實。孔子編輯六經無異於整理侯王書，孔子向老子請教禮，說明老子與孔子有授受聖王學的關係。梵澄說老氏學是「歷史哲學」，指的是老氏學與孔學的如此「歷史」關聯？

既然孔子編輯而非作六經，孔子的身份已經與老子作《德道經》五千言的身份不同了。老子還有王位，孔子已經沒有王位，這是否就是老子與孔子的根本差別——甚至經學與子學的決定性差別？如果的確如此的話，這是否可以看作聖人失去王位或者說聖人的生存位置發生轉變這一歷史事件的後果？

今文家堅持說孔子「作」六經，意在把孔子重新推上王位，即便如此，今文家說孔子為王指的是有德無位的「素王」——由此可證聖人—侯王的德位分離乃周秦之際的重大歷史事件。梵澄似乎以為，老子很清楚這段歷史的實際含義：「春秋之世，弒君三十六，亡國五十二，此必有老氏所見、所聞，或聞於傳聞者也。以哲人而處此，必思所以息紛爭，止戰禍，而安中國。」（頁八九，參頁一一一）如果聖人在王位或者在先哲王的時代，想必不會有這樣的春秋之世。所謂「歷史哲學」，因此很可能指聖人的虛靜之學——「精神哲學」在德位分離的歷史事件中發生的重大轉變。倘若如此，便需要進一步深究：「精神哲學」經歷了什麼樣的轉變？

《莊子．天道》篇起首講到虛靜為「帝王之德」，與《老子》書中的說法完全一致，而且明確說到，這就是先哲王的「德」（「明此以南鄉，堯之為君也；明此以北面，舜之為臣也」）。可是，《天道》篇接下來說，虛靜這一原本僅僅是處於在上之位的「帝王之德」，現在也可以是處於下位的人「之德」，甚至可以是「退居而閑遊」者或「進為而撫世」者「之德」。差別在於，聖人處於上位時，虛靜便是「帝王之德」；如今，聖人處於下位，虛靜便成了「玄聖素王」之德。德位分離以後，虛靜之德沒有隨王而去，而是由聖人葆守之。

誰都清楚，「玄聖素王」分別指老子和孔子。兩子在這裡並稱，顯得不那麼恰當。老子仍然在上位，可以說是承先哲王的後哲王，因而是「玄聖」；孔子已經處於下位，不再是哲王，頂多是潛在的哲王（素王）。但是，「玄聖素王」的說法，不正表明了聖人—侯王的德位分離？古人不大可能隨便把老子和孔子擺在一起，今天的我們看「玄聖素王」的並稱不太恰當，對於《天道》篇的作者來說，卻可能有深意——「歷史哲學」的含義。

大哲船山斷言，《天道》篇依據的是老子守靜之言，「與莊子之旨不相侔」，而且文理「自相刺謬」（《莊子解．天道》）。自宋以來，學人對先前的作品就喜歡辨析真假，這與漢代學風大異。到了近代，如果不是所有至少也是大多數文史家想的問題不外乎辨作品真偽，而不是想某篇**說的是什麼，為什麼要這麼說**。為了解釋文本中的「自相刺謬」，論者甚至可以發明種種新鮮說法，比如據說《天道》篇作者屬於所謂「右派道家」；道家「右派」「不惟不反對儒家，且與儒家有相當的妥協」（羅根澤，《說諸子》，上海：上海古籍出版社二〇〇一，頁二三六）。即便真有所謂「右派道家」，論者也沒有去想一下：為什麼要「妥協」？究竟什麼叫「儒家」？老子講侯王，儒家講「素王」，無論道家還是儒家，原本都是「應帝王」之學，如何可能有「妥協」的問題出來？《中庸》中說：「非天子不議禮，不制度，不考文……雖有其位，苟其無德，不敢作禮樂焉；雖有其德，苟無其位，亦不敢作禮樂焉。」這話是**對誰說的**？說的是否就是《天道》篇中講的虛靜之德？

《天道》屬外篇，要懷疑起來很容易（卻沒有想一想，外篇也許可能是對內篇的疏解）。但內篇中就沒有「自相刺謬」的？《應帝王》通篇講的是**隱逸散人**的生活方式，卻冠以「應帝王」的篇名，明眼的文史家一看就覺得文不對題：隱逸散人如何應該去當帝王？內篇中，老子出場不多，遠不如孔子。在《應帝王》中，有一段陽子居問老子的對話，問善於應事、處事果斷、通達世勢、勤於聞道的人是否可比「明王」。老子回答：這樣的人怎麼可以當「聖人」（「於是聖人也」）。陽子居問的明明是何為「明王」，老子答的是何為「聖人」。今天即便有非常眼力的文史家也認為，如此牛頭不對馬嘴，一定是後人串亂了文字：陽子居問的應該是「可比聖人乎」（張恒壽，《莊子新探》，武漢：湖北人民出版社一九八三，頁二九、三四—三五）。用今天的思想水平來臆斷古典文本中的是非，已經成了習慣。面對古典文本，難道我們不可以先不急於說「串亂文字」一類的話，而是想想比如說這段看似答非所問的對白興許恰恰顯明了晚周時期重大的**政治事變**：侯王與聖人分離後，聖人的生存位置發生了根本變化。至少也可以這樣設想：如今時代久遠，聖人與王的原初關係及其轉變已經不易為今人所理解了。

無論聖人在**歷史中的生存位置**會發生什麼樣的變化，聖人必須葆有「致虛靜」的「德」，否則，聖人不復為聖人。然而，晚周「歷史」之後，聖人是否有王位，已經成了**歷史的機緣**，「精神哲學」因此必須成為「歷史哲學」——如此「歷史哲學」可以說與在近代歐洲出現的「歷史哲學」（從維科、赫爾德到黑格爾、馬克思）風馬牛不相及。

六

在論「為何與如何」、「重溫宋明精神哲學」時，梵澄講到現代儒生（馬一浮、熊十力）甚至皈依佛門的歐陽竟無致力復興宋明學的事情，說他們都「感覺到了民族的生死關頭，還是孔、孟之學有益」（《陸王學述》，頁一九）。這是否意味着，宋明學其實也應該稱為「歷史哲學」？無論答案如何，「歷史哲學」本質上仍然是「精神哲學」。因為，梵澄接下來說（毛澤東在現代之際還主張世界的），王霸之辯（「廣積糧、不稱霸」）與孟子的義利之辯一脈相承。

聽一位老人家講，上個世紀五十年代的一天，毛主席邀請幾位民主派耆老到家中茶敍，有位耆老忽然壯起膽子問：如果梵澄的老師還活着，今天會怎樣？主席抬起手臂像趕蚊子似的揮了揮手，笑瞇瞇地說：要麼他識時務，要麼請他去該去的地方。

這故事八成是編出來的，姑妄聽之。但什麼叫「識時務」？或者問，「歷史」之後，「精神哲學」該是什麼樣子？

處於「精神哲學」轉變為「歷史哲學」的關頭——從先哲王過渡到素王的歷史時刻，《老子》書已經大講聖人「識時務」，並沒有什麼好奇怪。聖人的智慧是「道」，其貌如水一樣平靜——老子善用比喻，「水善利萬物而有靜。居眾人之所惡，故幾於道矣」。《老子》書中大量類似的話表明，老子很可能已經意識到聖人的生存位置發生了「不以人們意志為轉移」的變化。相當明顯的是，如果聖人仍然是侯王——處於上位，何以會有「居眾人之所惡」的問題出來？

梵澄對老子講的聖人在人世不可與人爭的話非常在意，多次提到聖人的虛靜現在應該是「能挫人之銳氣，解人之糾紛，和眾之光明，同眾之塵垢」（頁六，參頁一〇、九八）。「精神哲學」轉變成「歷史哲學」的樣子，意思首先指聖人已經失去王位，已經「居眾人之所惡」，因而，聖人必須善於隱藏自己的才智。梵澄援引古訓「良賈深藏若虛，君子盛德，容貌若愚」（頁六〇）來詮解老子的話，但「深藏若虛」不僅因為「明哲保身」是聖人的天性——聖人懂得知人知世可能禍及自身（頁七五），更重要的是，才智這種東西對於人民來講有害無益。「人未有無明無智而能為惡者，其為惡，乃用其明其智之不當耳」（頁三九）。即便到了當今的民主時代，這問題依然還在，甚至更為嚴重，因為「民智已開」——「如今西方的犯罪者，很少是無知無識的人，多是知識分子，而且精明能幹，技術高強」（《陸王學述》，頁四九）。梵澄甚至明確表示贊同陸象山的看法，對有的人不能「以學問傳授之」，否則無異於「假寇兵，賫盜糧」。聯想到《老子》書中那些被指為所謂「愚民政策」的話，可以推想，雖然《老子》書是侯王寫給侯王的，但老子已經意識到，能讀書的已經不僅僅是有才器成聖之人了。

聖人與民眾不同，主要因為對幸福的理解不同。民眾有自己的「迷信」，舉凡「日者也、卜筮也、星命也、風水也，繁多猥瑣，不可究詰。……凡此皆正道之反，善德之妖也」。但之所以這類「迷信」「迄今兩千數百年亦未拔」，都因為生死禍福問題乃百姓的首要大事（頁八四）。聖人之所以「異於庸人」，就在於不依生死禍福來決定自己的行為。儘管如此，聖人智慧並非超然塵世，而是在塵世之中；這意思是說，聖人已經不是侯王，而是「居眾人之所惡」。聖人如何與眾人相處的問題就來了——「精神哲學」因此得像「歷史哲學」的樣子。

經上有「和其光，同其塵，挫其銳，解其紛，是謂玄同」（「玄」者，隱而不宣也），梵澄解釋說，「和其光」就是「不自耀於眾」，「同其塵」就是「與眾同其憂樂」。這不等於與塵世同流合污，而是「內中有主」、大智若愚。到了孔子，聖人對此「玄同」的自我意識更明確——孔子所謂「和而不同」（頁八一、八四。順便說，對於所謂「和而不同」，莊子可能得其正解）。從老子到孔子，完成了從「精神哲學」到「歷史哲學」的轉變，而且聖人的寫作方式明顯變了——孔子作《春秋》、撰《孝經》，到司馬遷，索性只寫史書，史學從此成為中國「哲學」之大宗。

梵澄先生回到北京後，編《文化時報》的青年友人請他「繼續寫點當年為《申報》自由談寫的那類雜文，並建議把當年的文章結集出版」。梵澄回信說：

> 日月出矣，爝火不息；刻舟求劍，其可得乎？時過一甲子，而足下猶以「自由談」為言，陳年日曆，何所用之？若謂陳言猶不無可採者，此則依乎所言是否尚有真理。斯可見於學術派與新聞派之辯。（引自陸灝前揭文）

聖人的「虛靜」——不是嗎？

二〇〇一年十一月

天不喪斯文（訪談錄）

（題記）自六年前（二〇〇二）離開香港回到內地開展「經典與解釋」編譯計劃以來，迄今（二〇〇八）已經出版成品逾一百二十種，《經典與解釋》輯刊也編到第三十輯。去年，《中華讀書報》記者約談「經典與解釋」編譯計劃，下面的訪談錄即約談紀要（原刊《南方週末》，二〇〇七年五月二十四日，這裡是未經刪節本）。由記者陳潔提問，紀要稿經本人審訂。

能談談「經典與解釋」兩大系列的緣起嗎？誰倡議、組稿，具體如何運轉起來的？

你問的涉及三個所謂關鍵字：翻譯、經典、解釋，得分別來說。

說起「翻譯」，就要從自己的讀書經歷說起。上世紀八十年代我在大學唸書時，學習條件非常艱苦，尤其是很難找到相關研究文獻。八二年進北大後，我做的是現代德國美學，就跟搞現代外國哲學的同學混，對海德格爾入迷。海德格爾的書不是一般的不好懂，道理明白不了，許多語詞也把握不了，不知道如何譯，怎麼做論文。一天，我在哲學系資料室突然發現，六十年代的《哲學譯叢》上有些翻譯過來的研究海德格爾的文章，多是「資產階級學者」寫的，也有「無產階級學者」即蘇聯學者寫的，都大有幫助。「文革」前的《哲學譯叢》是被掃進資料室搞資料的老一輩學者主持編譯的，他們大多畢業於四、五十年代，好些在國外留過學，選題頗有眼光，譯文大多也精彩。當時找不到人可以請教，也沒有國人的學術著作可以參考，這些譯文成了我真正的老師，領我進入海德格爾的語詞世界——我當時就發了個願：今後自己也要注重翻譯研究文獻，為後來的讀書人積累。

所以，我在唸碩士研究生二年級時就開始組織翻譯：第一本組譯的譯文集是介紹人本心理學的（《人的價值和潛能》，北京：華夏出版社一九八五），沒有資助、沒有科研經費，全憑一股子青春熱情，連複印原文都是我這個窮學生自己掏錢——看看主編林方先生寫的前言，就知道組譯情況了。組譯的第二本譯文集是受當時的北大中文系教授胡經之先生委託，選編、組譯西方文論的現代卷部分（《西方文藝理論名著選編》下卷，北京：北京大學出版社一九八五）——後來成了教材，不斷重印，新選譯的三十萬字的選題、組譯，都由我一個人操辦。我跟甘陽是同學，但跟他不一個專業，也不在同一個系，他是外哲所的人，外哲所是北大校級單位——那個時候，搞外哲的牛得很呵，我們一聽說誰是「搞外哲的」，就好像他是「七十四師」的。在搞外哲的眼裡，學美學的連雜牌軍都算不上。甘陽後來把我拉進「編委會」，不過因為他看我有自找苦吃的毛病，於是充分「利用」……

從小就如此？

天性如此，加上母親從小嚴格管教——剛滿十二歲那天，就要我去洗大被子，說是到了勞動升級的年齡，因為父親十二歲就離家進民族資本家的工廠當童工……那個時候，沒洗衣機也沒洗衣粉，得一點兒一點兒抹上肥皂用手搓啊搓……如今想起來就苦。剛開始抹肥皂時，覺得好絕望……何時才是盡頭！只好不去想盡頭，埋頭搓就是……這樣就養成了只管埋頭幹活的習慣。家裡的被子其實仍然是母親和姐姐洗，強制我洗幾次，不過為了磨練我的耐性。果然，上高中時，一次班主任派我們四個男同學去把教室的所有玻璃窗擦乾淨，其中有兩位是年級幹部，還有一位是紅衛兵連長什麼的；兩個小時後老師突然來檢查，發現只有我一個人在那裡擦啊擦……其他的都溜了。第二天老師在全班毛主席早讀時表揚我，我很不好意思，因為我不過習慣了傻乎乎埋頭做事情而已——如今有人表揚我做了些事情，我也不好意思……命該如此罷了。

怎樣從對翻譯有熱情一路走到組織翻譯「經典」，好像是從二〇〇〇年開始運轉的？

做翻譯的都會認為自己譯的東西重要得不得了。本科三年級時，我迷上心理分析學，後來組譯「人本心理學文集」就是這種興趣的結果，當時認為最重要：心理問題解決了，一切問題就都解決了……接下來組譯西方現代文論，是接受的任務，所以選了些其實根本就不是文藝理論的東西。碩士快畢業時，我開始組譯海德格爾的論詩文選和德國美學文選，當時認為這才最重要。「文化：中國與世界編委會」的翻譯計劃，甘陽是設計師，我補了點兒現當代神學方面的選題而已——當時認為這最重要……對什麼是真正值得翻譯過來的東西，我一直在摸索，觸覺在變化；有些東西即便現在對我不重要了，也算學術積累，別人興許覺得有用——比如那部人本心理學文集或德國美學文選什麼的……

一直在摸索……摸索什麼呢，為什麼不專一於某「家」、某「派」或某個「專業」？

摸索西方學術的底蘊何在。為什麼要摸索西方學術的底蘊？因為，我感到晚清以來中國學人面臨的問題沒完……從神學進入西學，是一個門徑而已，但當時以為是全部根底。八十年代末，本來我有機會去芝加哥大學宗教學系讀博士，卻非去歐洲不可——西方學問嘛，除了在歐洲學，還能在哪裡學？當時留學有句名言：你寫一百零一封申請信就成功了。我給法國、德國、瑞士的大學發了第三十七封信時，巴塞爾大學神學系的秘書看上我，幫我找到獎學金……上帝通過她眷顧我上了巴塞爾大學。到了那裡，我慢慢感到，最能學到西學功夫的其實是「神學思想史」或者說「教義史」專業，於是自己在這方面花功夫較多……最富刺激的還是古希臘語和古典拉丁語課程——尤其古希臘語，先強化學習了一年……用外語學外語很辛苦（每天三堂課，每週兩次測驗），期末考試閉卷翻譯柏拉圖，要命得很；後來又上文選課兩年，始終興趣盎然……按規定古希臘語必修，但古典拉丁語可免，我沒讓自己免，因為喜歡。讀到古希臘和古羅馬作品的原文，我才切實感到西方學問的根底究竟在哪裡——要說「經典與解釋」（黃皮書）的緣起，就是這個時候起的念頭：西方真正值得翻譯的東西得從頭做起，為此首先得編古希臘語和古典拉丁語教材。

但您九三年回到香港時做的是「基督教歷代學術文庫」……

快畢業時，香港中文大學的中國文化研究所找我去做事。那個時候，內地學界氣氛很悶，也許香港可以做點事情，就去了。但在中文大學這樣的體制單位，個人發揮的餘地不大，有個基督教中心也邀請我做事，可以發揮個人的想法，我就去了，人家是基督教中心，我提出的翻譯計劃當然是這方面的。「歷代基督教思想學術文庫」的設計本身已經打破教派劃分，注重古代基督教經典，我取的名稱也表明注重思想史脈絡。一個教派性機構能夠接受這樣的設計，確實很不容易——翻譯西方傳統經典從翻譯基督教歷代經典起步，是機遇使然……五年後（一九九九）設計第二個五年翻譯計劃時，我向古希臘—羅馬經典方面推移，遇到抵觸：咱們是基督教中心，為什麼要翻譯西塞羅——畢竟，人家本來就不是純粹的學術性機構，我把它變得太學術，如今人家不幹了……我試着轉移到內地，碰上華夏出版社的陳希米，但不知道她是否真有熱情，就先搞個「西方思想家：經典與解釋」系列試試。

後來您到中山大學另起爐灶，短短四年，做的事情幾乎等於在香港十年做的總和。

在香港時，合作的人大多不清楚做學術究竟是為了什麼，做一件事得費力解釋半天，而且往往徒勞，累得很，別人還反倒說你「專制」……學術不「專制」地搞，還能怎麼搞？基金會的新上司就覺得應該「民主」地搞，甚至覺得「歷代基督教思想學術文庫」太學術，也不是他們要做的事情，應該做漫話讀物……我只好走人，以免拖累別人……當然，剩下的選題還要拖累別人好多年。在內地做事情順心得多，儘管經費不足……想當年做「現代西方學術文庫」時多愉快！沈昌文、董秀玉兩位先生對我們這幫年輕人充分信賴……我第一次見到兩位先生是在湯一介、樂黛雲先生家，他們四位在談事情，我突然闖進去，樂先生介紹我後，沈昌文、董秀玉兩位先生對我客氣得不行……人家是前輩呵，我當時剛滿三十，嫩小伙一個……在後來多年的合作中，我深深體會到，他們對中國學術的未來有使命感、責任感……這樣的出版社老闆難得呵。

到了中山大學可以放手打出「經典與解釋」的招牌？

「經典與解釋」是哲學系陳少明教授早就設立的一個科研課題，我參與進來擴展為以翻譯為主而已……大約二〇〇〇年的時候，哲學系的馮達文先生和陳少明教授找我，希望我與他們合作，我當時提出，這個專案值得擴展。離開香港時，幾個大學希望我去，我到中山大學哲學系，原因之一就是這裡可以做「經典與解釋」——唯一後悔的是回來晚了些，倘若早兩年離開香港……

從這幾年的出版勢頭來看，「經典與解釋」已成規模，書店裡成了品牌，您有怎樣的規劃？

兩個系列，一個是專題性質的叢書「經典與解釋」，以某個專題為中心輯譯文獻，可以看出我對六十年代老《哲學譯叢》的情結——八十年代以後，當年做譯叢的老先生們都恢復了大教授的職位，不再搞編譯，《哲學譯叢》越來越沒看頭、沒保留價值了。我想繼承老《哲學譯叢》傳統，但定期做很累人，人家有一個編輯部呵，我一個人怎麼招呼得過來？於是想到以專題方式來做，主要提供有份量的研究文章——好些有份量的西方學術文獻是論文，而非專著，這是我當年讀老《哲學譯叢》的體會：一篇文章就可能改變自己的整個思考和問學方向，比如舍斯托夫那篇紀念胡塞爾的文章、皮羅的《海德格爾與有限性思想》等等。

再就是黃皮書系列的「經典與解釋」，涉及西方歷代的經典及其解釋，目的在於賡續晚清以來中國學人認識西方學術傳統的未竟大業。這個系列包含多個子系列，已經推出的有「柏拉圖注疏集」、「色諾芬注疏集」、「盧梭注疏集」、「萊辛集」、「尼采注疏集」，即將推出的還有「馬克思與西方傳統」、「古希臘悲劇注疏」、「阿里斯托芬集」、「荷馬注疏集」、「維吉爾集」、「希伯來聖經歷代注疏」、「新約聖經歷代注疏」等等……先設立項目，慢慢做，子系列可以或應當設立的還不少，得有個輕重緩急，還要看是否有人力資源——五十年代初，在毛澤東、周恩來親自關懷下，政府組織專家擬定過翻譯西學經典的龐大計劃（五百多種）。老一輩革命家經歷過清末民初西方文明衝擊的大震盪，不僅會帶兵打仗，建國後搞工業、造原子彈，心中也有中華文明的歷史命運這根弦，深知要傳承我們的文明傳統，如今得認識西方文明傳統……晚清時期的文明關切得到延續，與「五四」的新派精神不同。

您如何評價商務的「漢譯名著」系列，「經典與解釋」翻譯計劃與「漢譯名著」有何不同？

剛才說了，「漢譯名著」是新中國建國初期搞的，後來的好幾代學人、包括現在的讀書人都還在受惠。但畢竟五十年過去了，「漢譯名著」計劃需要更新、擴展……但沒人搞。如今商務印書館也在追趕後現代學術，「漢譯名著」幾乎沒什麼推進，連重印舊籍好像也沒興趣。學界和出版界對現當代學術感興趣太自然不過，沒什麼不好，但西方的古典畢竟是人家的根底，咱們這麼大一個文明古國，倘若沒一家出版社自覺承擔古典的東西，也不像話吧。

巴黎高等人文研究院的中國研究部主任Thoraval博士前不久告訴我，八十年代他任法國駐華使館文化參贊時，曾向中國社科院的頭頭建議，中國應該成立專門研究和翻譯西方古典經書的機構——他說，西方各主要大國都有研究中國古典經書的機構，大學中也有這方面的專職教授，中國這樣一個大國，有如此悠久的文明傳統，竟然沒有研究西方古典經書的專門機構，實在不相稱……人家日本、韓國都有專門研究古希臘、古羅馬和希伯萊文明的機構呵。

杜博士的建議過去快二十年了，咱們的大學裡仍然找不出一個以研究荷馬為業的教授，找不出一個以研究柏拉圖為業的教授——咱們西學的根底在哪裡？……研究西方古學的人力，以前分佈在哲學系西哲專業、歷史系世界史專業和中文系外國文學專業，外語系有一點點。八十年代時，哲學系西哲專業中還有幾個研究古希臘哲學的（比如人大的**苗力田先生**），老一輩去後，現在研究這方面的學者不是增多反而減少了。世界史專業在中國大學的歷史系中向來是弱項，且基本上不搞西方古典史書，而是搞現代式的古代社會史或文化史研究；中文系搞外國文學的通常不通文字；至於外國文學界，古希臘—羅馬文學從來就沒地盤——社科院外文所按地域來劃分研究領域，古希臘—羅馬文學歸在「中北歐文學研究室」，簡直莫名其妙……八十年代初搞研究生建制時，**羅念生先生**還健在，「文革」前一年從莫斯科大學唸古典語文學專業回來的**王煥生先生**正年富力強，如今王先生已經退休嘍，無論羅先生還是王先生，在外文所竟然連碩士研究生都沒帶過一屆……誰關心過？老一輩革命家的文明擔當意識就是不同，周恩來當年親自過問**朱光潛先生**的翻譯工作……在大講「階級鬥爭」的六十年代，毛澤東還指示要搞個資產階級的「外國哲學研究所」，親點洪謙任所長。

甚至Thoraval博士都替咱們心急，說西方學界研究中國古學已有兩百多年歷史，對中國的文明傳統有自己的一套解釋；倘若中國學界自己不做古希臘—羅馬的古典學研究，中國學界永遠不可能獲得對西方文明獨立自主的解釋權——這番話讓我聽得來心驚肉跳，好像我們不花力氣搞西方古學研究卻花好多錢搞西方漢學，用人家西方人的解釋取代我們自家的解釋，自掘自家文明的墳墓似的……

人家説的是實話，九十年代以來，中國大學在規模、專業等方面翻了多少倍？翻出了一個古典學專業嗎？日本學者迄今還竊笑：中國那麼大，連一個西方古典學專業都沒有……嘿嘿嘿一陣子鬼笑……去年我在臺灣講學，聽説那邊的教育部已經決定選一所大學搶先扶植一個古典學系，據説選中了輔仁大學。

翻譯的重點是所謂「兩希」（古希臘—希伯萊）經典？

應該説是西方古典傳統，斷代斷在十九世紀末，以尼采為限，是個大傳統概念，但以古希臘、古羅馬、早期猶太教為主，基督教經典形成以前的東西，在西方才算嚴格意義上的原初古典傳統；基督教傳統是在這個原初古典傳統的織體中形成的，又與此構成張力。近代以來，西方學術顯然要回到原初的古典傳統——所謂文藝復興的古典主義運動，於是形成新的古典傳統……啟蒙運動以後是另一回事了。不過，我更多把「古典傳統」看作一種心性傳統，在西方實際上代不乏人。因此，對西方的古典傳統，更重要的是關注個人性經典作品……正如說到中國的古典傳統就得數人頭：孔、孟、荀、董、史遷……籠統提「兩希」或「西方傳統」過於大而化之，落實到具體人頭才有推進。

譯者有具體選擇標準嗎？

原則上是：譯者同時或首先是研究者，做什麼研究就翻譯什麼。目前還沒有完全做到這一點，但一直在朝這個方向努力，至少在翻譯原典方面，已經基本上如此……主要靠博士研究生和博士畢業的年輕大學教師……我做組譯工作差不多已經二十五年，從來不「抓壯丁」。業內人士都知道，翻譯是辛苦活，稿費也不算高，何況如今翻譯學術經典也不算「科研成果」，在我們這裡做翻譯，都得憑自己的學術志趣和熱情……

大型系列叢書出版一般都有龐大資金支持，您的情況如何？

沒有……好些朋友說，為什麼不申請國家社科基金或教育部的科研基金？其實，我連續申請過三次，都沒中榜——評審專家一看是「古典」，既不現代也不後現代、更不「前沿」，就撇嘴，我也就懶得再申請。中山大學給我一點兒經費，按校內文科科研人力分佈的人頭給，「經典與解釋」專案並沒有任何特別關照。我只有一個研究生幫做「經典與解釋」編務，月付三百元（約定工作時每週兩個半天）——事情多……我們搞西方經典的注疏體翻譯，以清代學人做古籍注疏為榜樣，得充分吸收西方學界的成果，有時為了找某個注釋本真的很費勁……幸好有研究生們熱情幫忙。

有人說我編書發了大財……出版社給我的主編費每千字三元，做滿一千萬字可以攢到三萬元，一千萬字什麼概念？要做學術的話，無論編譯者還是出版社，都別去想盈利這件事——對編譯者來說，這是純粹個人的性情和熱情，對出版社來說，則是在做公益事業……你說還有文明的承擔？就不要提那麼高啦……有的古籍出版社出古籍經典，一套動輒幾千元，還不零賣，當成盈利來搞……我們的「經典與解釋」沒給出版社一點兒資助，人家也要保本才行呵……找企業家贊助？恐怕很難……對文明有承擔的恐怕還是真正的共產黨人，革命老前輩汪道涵就是個書迷，家裡的書重重疊疊把書架都壓彎了，晚年還搞了個「東方編譯所」，可見是個有心人——聽朋友說，他喜歡看我編的書……企業家可能對搞足球隊更有熱情。

看來是要有一股子艱苦奮鬥的精神……

前兩年我在病中聽「兩彈一星」記錄片的錄音，發現當初製造「兩彈一星」的科研人員，絕大多數是本科畢業生，沒多少博士、教授，他們邊幹邊學、邊學邊幹，精神真的可嘉。翻譯古希臘詩歌、並接替羅念生先生編完《古希臘語—漢語詞典》的**水健馥**先生長期在出版社當編輯，翻譯古希臘—羅馬經典史書成就斐然的**王以鑄**先生一直是出版社的編輯，既非博士、也非大學教授，全憑自己的熱情，用業餘時間……**楊憲益老先生**翻譯古希臘—羅馬文學經典也是用業餘時間……真正有熱情、埋頭苦幹的人有哇，這些前輩才是我們的榜樣！我號召我這個專業（古典詩學專業）的研究生們向這些前輩們學習，把個人的問學熱情與中國學術的未來聯繫起來……當然，誰興趣變了，要脫離「革命」隊伍，隨時可以轉業……

據說您喜歡古典音樂，還說讀經典要像演奏家讀譜？

有人問Richter是否每天練琴十小時，他說自己每天早上起來讀譜至少三個小時……古典音樂的演奏者得透徹傳達古典作品的心聲，而古典作曲家的心聲僅記錄在樂譜符號中，悉心讀譜就是要盡力理解作曲家的心聲，依循曲式、旋律進行、和聲織體和各種表意記號去接近作曲家在這部作品中所要傳達的東西。解釋經典也如此，要依循寫作樣式、篇章結構、敍述織體和各種修辭記號去接近經典作品所要傳達的東西，而非憑着自己所謂的才氣發揮一通。我的意思是，解釋經典不要離譜……**車爾尼**有一本《鋼琴每日練習四十課》（作品三三七號），都是些十來小節的短句，要求每句一次練二十遍……有一天我突然想到，何不把經典作品中那些讓自己刻骨銘心的短小段落每天練上二十遍？這樣試試以後，我發現自己對整個樂曲的理解大大加深……

有人説您從海德格爾、施特勞斯走回柏拉圖，越來越保守……

初中畢業那年（一九七一），有一天，我帶着《宋詞一百首》上到長江對面的南山，躺在林子裡讀；五月的太陽懶洋洋的，讀着竟然睡着了，還做了個夢，夢見有個身着白色長衫的白鬍子老頭兒從半空踩着軟梯下到南山，摸着我的頭説：崽兒，你命苦呵，一輩子得做無用的事……這話我一直記在心裡，老想躲無用的事，專找沒人做的事做，以為那就是有用的。當年推介西方神學，就是因為覺得這個學問在西方那麼重要，卻沒人做……推介西方神學並非一定與個人信念有關——信耶穌基督的上帝不一定非搞神學不可呵。推介西方古典學問，也是看到學界沒什麼人做才做，與「激進」、「保守」有什麼相干？不止一個西方的大學者說過，柏拉圖是馬克思的先驅哩，保什麼守哦……

後來我才發現，那白鬍子老頭兒的讖語沒錯：我做的都是無用的事。什麼叫「無用的」學問？沒經濟效用、沒社會功用、沒原創發明的實用……但無用的學問才是基礎性的。在任何一個文明國家，教育和學術的基礎都是古典學問……古漢語能用來寫廣告、簽合同、給領導起草報告？但你把中學語文課本裡的中國古詩文課文全拿掉試試，把我們學界文史哲中的古代「專業」統統取消試試，我們的教育和學術會多麼平面、單薄、輕飄？西方學界把他們文史哲中的古典「專業」統統取消，他們的學術會是什麼樣子？反過來看，咱們學界和高等教育界中的西學領域沒西方古學，咱們的西學看起來像不像根山中竹筍？西方大學中的漢學系，即便唸中國現當代文學專業的，也得修古漢語——咱們大學裡唸英國文學、法國文學、德語文學的研究生（還別說本科生），修過古典拉丁語？到北大外語學院、北外、上外這些咱們外國文學的最高學府去打聽一下，有教授拉丁語的專職教師和必修課程沒有……大學教育的根本在於教養、教化，現在完全成了學技術……技術當然得學，但缺乏教養的技術人也不好聽吧——如今政府提倡辦高等職業教育，非常英明，早十五年搞，大學就不會淪為職業技高了。要守住大學的教養教育，就得靠中西方的經典……做「經典與解釋」與任何政治取向不相干，僅僅為了中國的學術和大學教育有更為厚重的底蘊……沒必要每個大學都搞古典學系，但我們一個沒有，也丟人哦……英國有個出版社名稱就叫「古典出版社」（Bristol Classical Press），出版的古希臘—羅馬作品箋注本（Classic Commentaries on Latin and Greek Texts）非常地道，據說已經近上千種，而且平裝本印行，不貴……

有人批評您越來越成為西學的「二道販子」，您做「經典與解釋」，不是更印證這一指責？

批評？我怎麼聽起來是過高的誇獎？要成為真正的學術上的「二道販子」，談何容易！孔子是二道販子，「倒賣」古經；柏拉圖是二道販子，「倒賣」蘇格拉底；西塞羅是二道販子，「倒賣」柏拉圖；朱熹是二道販子，倒賣四書……「夫子步亦步，夫子趨亦趨」。一次在北京講學，有人問：如今社會問題那麼多，你作為一個知識分子，整天埋頭搞古典，內心安不安？當時我的回答是：孔子生活的時代也不容易吧，比我們當今的處境可能還慘，禮壞樂崩呵……我以前學知識分子，躁動不安得很，如今學孔子整理古書，不學「有思想」的知識分子，內心反倒安頓下來……

翻譯是「為他人做嫁衣裳」的工作，於學術建設意義重大，卻不算個人學術成果，您是富於獨創性的學者，為何花大力組織這費力不討好的事？

「為他人做嫁衣裳」？……不對吧，為自己做還差不多。我大學四年級開始正兒八經做翻譯，做了五、六年，挑各種有獨特文風的大家短文來譯，磨練自己的語文能力……為了把握舍斯托夫，我翻譯他的書……後來出版社把我的譯稿弄丟了……

做學術翻譯得益的首先是譯者自己——畢竟，你翻譯的文本的作者無論如何比你高得多，因此是在跟着高人往上走，寫文章則可能是憑着自己的性子往下走……你要唸透一個文本，最好的方式就是翻譯。當然，做學術翻譯也就很危險，比寫文章容易出錯，被別人揪住……其實翻譯有錯自然而然，但得有個較高的限度，還得看什麼性質的錯……經典翻譯重要的是敬業態度，對自己和學術界負責……反過來，挑翻譯的錯倒比較輕鬆——挑錯應該而且必要，臻進學術嘛，但措辭不要輕鬆。

我也不是你說的「富於獨創性的學者」……不瞞你說，在我們這個行當，「富於獨創性的學者」其實是罵人話，說誰有「獨創性」等於說他在胡說八道……至於說「花大力組織」，這倒確實，只要想做事情，哪有不費力的——我在學着做古典的「二道販子」，重要的是進什麼貨……要說「費力不討好」，不討誰的好？需要討誰的好？

你們的出版速度讓好些出版社妒忌……是否只在華夏和上海兩處出版？

編輯出版主要由兩個編輯工作室承擔：一個是華夏出版社由陳希米主持的編輯室，一個是上海六點文化公司倪為國主持的編輯室。組譯的事情我搞了二十年，深感出版社的有心編輯是中國學術發展的大功臣……在八、九十年代學術出版不景氣的年代，要不是董秀玉、黃築榮、倪為國、許醫農竭盡全力支持，那些年裡我編的東西沒可能出版。陳希米主持的編輯室才四、五個人，幾年來勤勤懇懇地做，憑的還不是對學術的熱情？……

幾家出版社共同搞一套大型叢書，中外都不乏先例：德國著名的「大學文科基礎叢書」有上百種，由四家名牌出版社連袂推出，一個封面，出版社名則分屬；八十年代的「外國文學研究資料叢刊」由外國文學、中國社科、上海譯文三家連袂出版，一個封面——就大型叢書而言，這是個好辦法。如今倒是不斷有出版社希望參與我們的計劃，但我一個人招呼得過來？……所以暫時無法擴展。目前最需要的是提高編輯出版的質量……首要的困難是審校力量不足……馬列經典的出版據說校讀達二十遍之多，要是經費充足，我倒希望多多請人審校，多一雙眼睛就少幾分失誤……

「經典與解釋」中有的譯本是重新翻譯，是否出於對譯本或譯文的考慮？是否所有的書都從最根本的語言譯出？

什麼叫「最根本的語言」？你指所謂「原文」吧？翻譯當然要講究通曉原文，但就古典文本而言，更重要的是講究版本。柏拉圖的原文在哪裡？西塞羅的原文在哪裡？抄件是原文？根據抄件翻譯？就好像洋人問，翻譯司馬遷的《史記》是按原文翻譯的嗎？《史記》的原文在哪裡？業內人士問的是：憑靠什麼校勘本為底本——我們的「經典與解釋」的所謂「解釋」，首先指的是：翻譯和解讀經典要講究依據校勘、注釋本，這是做古學最起碼的規矩。今人翻譯西方的古代經典，把版本問題交待清楚的不多，有的版本根本就沒選對，還不如前輩學者重視版本和注疏……看看周作人先生譯的歐里庇得斯劇作所下的注釋。要是今天的譯本在版本考究、注釋甚至文筆方面比前輩的還差，就讓人遺憾了……

我帶的研究生都是做古典文本的，一人抱一經，一上來就要學古希臘語和古典拉丁語，隨之要搞清楚文本的校勘和注疏方面的情況……查明文獻其實不難，難的是找到好的校勘和注疏本，咱們的國家圖書館不重視收這方面的書呵——我有個學生做阿里斯托芬，查了一下國內文獻，在國家圖書館和北大圖書館這兩個國家級的收藏西學文獻最大的圖書館裡，阿里斯托芬的相關文獻加起來共一百八十個條目（國圖八十，北大一百），而香港大學就有二百九十一個條目……唉，中國的學術呵……

「經典與解釋」包含國學方面的內容嗎，或者有當代學人的著述？

我們不久就要推出「中國傳統：經典與解釋」系列，由六點文化公司出版。國學經典的集釋和注疏，清代學人做了不少，近百年來也有些進展，但還需要繼續推進……還有好些重要的古典文本沒有集釋和注疏，清人並非把重要的古典文本的集注和（或）注疏搞完了，何況，晚清和民國時期的好些重要的集釋、注疏，還沒有點校、整理出來，前輩們的好些成果亟待挽救——可惜，就像翻譯西方經典不算學術成果一樣，在國學方面，校勘、注釋前人的經典注疏，也不算科研成果，願意來做這方面工作的不多，除非有真正的學術熱情，比如我最近看到的欒保羣、呂宗力校點的清人黃汝成集釋的《日知錄》……

如今中國管教育和科研的部門規定的「科研成果」核算莫名其妙到了極點——你要是看到如今的博士論文評議書，不笑死就氣死：沒有專門供文科用的評議表格，上面的評議項目是理工科格式：什麼創新性、實驗資料、預期的實用效果……我們填的申報科研項目表也這樣——實在扯淡……研究柏拉圖要什麼創新？把柏拉圖的某個文本復述清楚已經很了不起啦，有什麼實驗資料？需要什麼實用效果……莫名其妙呵！當今人文學界嚴重遭受兩大「蟲災」：什麼與國際接軌的「學術規範」呵，再就是「文辭顯於世，鄉黨慕循其跡」……

百年來，我們的國學經典解釋基本上是在追西方這樣那樣的時髦「主義」，八十年代以來，美國的意識形態論爭話題居然也不時成為我們史學研究的問題意識……莫名其妙。如何使得傳統經典在當今重新説話，是我們的經典解釋的老大難問題……不過，這事急不得，「五四」以來的經驗教訓就是急了點兒——先撥亂反正：搞注疏、翻譯，才算真正的「研究」……當代學人的研究，只要切合我們「經典與解釋」的宗旨，踏踏實實解讀、注疏經典，就在我們的出版範圍；我的博士生做論文都是注一經、甚至一經中的一個部分……這樣才能學到扎實的學問功夫……真正教學生的不是我，而是某部經典本身以及前人們的注疏，我教的不過是一點點語文知識而已。古之博士，「明於古今，通達國體，今校官無博士之才，弟子何所效法」？如果我這裡每年有五個博士生，十年就會有五十部經典教出來五十個博士、搞出五十部西方經典的注疏本——不過，主管教育的部門今年又出臺新規矩：有國家科研項目的才可以招博士，我沒國家項目，今後也就沒法招啦，只好回到單幹的老路……

您的學術其實一以貫之，對那些不能理解您的人來說，「經典與解釋」能幫助他們理解您和您的思想嗎？

對理解我想做的事情肯定有幫助——當年在香港時，想以翻譯基督教歷代經典為起點向整個西方傳統擴展，如今已經大致攤開整個西方傳統，基督教經典亦含括其中……我剛離開香港時，有人就四處散佈謠言説我不搞基督教研究了……現在可以看到，「經典與解釋」在翻譯基督教歷代經典方面還會有更深入的推進：《舊約》和《新約》的歷代注疏是基督教歷代經典的底蘊，由於西方現代哲學的影響，過去人們老關注所謂基督教哲學，忽略了西方歷代思想大家的解經——即便是寫了《神學大全》的湯瑪斯·阿奎那，也有好多重要的東西在他的解經書裡面……保羅的《羅馬書》，西方思想史上不少大家寫過義疏……經學是根底，中西方皆然；在哪裡跌倒，就從哪裡爬起來，要重整中國學術，如今就得從治經做起。

二十多年來我做的事情主要是編書，選編的文集遠遠多於我寫的東西，我寫的書也基本上是述評——説到底，我並沒有什麼「自己的思想」，倒是一直在努力跟着前人想，因此根本就沒有是否理解「我的思想」這回事情；需要我不斷認真想的是：究竟跟着哪個前人想才正確……

您最近出版的一個文集名為《揀盡寒枝》，書名讓人覺得您感到很孤寂，不是嗎？

「寒枝」是什麼意思？「前記」裡説得很清楚：這本文集是自己讀書二十年的點滴經驗教訓，「寒枝」指書本，轉了那麼多所謂「領域」，關心的問題始終沒變。現在的出版社都要求書名有英譯，我託朋友請教**葉嘉瑩**先生怎麼翻譯「揀盡寒枝」，她説沒法英譯，現有的英譯都是不知所謂。怎麼辦？我忽然想起**賀拉斯**的一句詩，覺得很合適，就用上了，也是截的前半句，意思是：無論氣候、環境如何變，性情和心沒變。什麼性情、什麼心沒變？書獃子性情沒變，與中國學術同呼吸共命運的心沒變——在「經典與解釋」的世界，整天與歷史上的偉大心靈交往，孤寂從何説起？

您個人最得意的著作是什麼？

這話是問作家、文人的：你有什麼「得意之作」啊？作家、文人寫的東西才叫「作」，做學問的人做的東西叫「述」、「編」、「譯」、「疏」……沒什麼好得意的。古人已經區分寫文章與治經，治經是學問，寫文章不是——作家隨時可以到一個山間別墅去寫作，做學問的可不行，因為得帶上一大堆資料，「書到用時方恨少」，你知道要帶哪些呢？……搞學問把經典説的東西轉述清楚，已經不容易了。要是今後我寫小説了，再問這個問題不遲。

好吧，最後一個問題：您對「經典與解釋」計劃的期待是什麼？

與我十二歲搓洗被子時的期待一樣……

作者簡介

劉小楓，一九五六年生於重慶枇杷山，祖籍四川樂山馬踏鄉……一九六六年九月的一天，突然有十幾個中學生闖進教室，高呼「停課鬧革命」，他便扔下書包當了「紅小兵」，上街灑傳單，是年十周歲，剛上小學四年級……

一九六九年九月，進革命化中學，晉升為紅衛兵，除毛澤東思想外，主要學習科目為：步兵知識（野營拉練、手榴彈打坦克、原子彈防護）……七一年上高中，學習科目改為語文、數、理、化、英文，成績不好，因為喜歡讀小説、唐宋詩詞和散文，學寫律詩、填詞。

一九七四年春天下鄉插隊落戶，學會了所有農活，堅持看英文版《人民畫報》、《古代漢語》，讀西方古典小説，自學西方古典樂理……

一九七八年，考入四川外語學院修習德文和法文……從此以後讀書越來越古—怪……由於沒唸過名副其實的高小和初中，一直與錯別字為伍，雖然後來先後取得四川外語學院文學學士、北京大學哲學碩士、瑞士巴塞爾大學神學博士等學位。

一九九三年起任香港中文大學中國文化研究所研究員、北京大學比較文化研究所兼任教授；二〇〇二年起任中山大學哲學系教授，比較宗教研究所所長，美學、宗教學博士生導師，北京大學哲學系客座教授，中國人民大學中文系客座教授（博導）。

主編《經典與解釋》輯刊（CSSCI核心輯刊）、「經典與解釋」系列叢書。

著述年表

一九八六——二〇〇八

一九八六

專著：

《詩化哲學：德國浪漫美學傳統》，濟南：山東文藝出版社一九八六；臺北：時代風雲出版社一九九一。

一九八七

編著：

《人本主義心理學譯文集》（與林方合編），北京：華夏出版社一九八七。

《西方文藝理論名著選編》，下卷（與胡經之合編），北京：北京大學出版社一九八七。

一九八八

專著：

《拯救與逍遙》，上海：上海人民出版社一九八八；臺北：時代風雲出版社一九九一；臺北：久大文化公司一九九一。

一九八九

編著：

《接受美學譯文集》，北京：三聯書店一九八九。

一九九〇

專著：

《走向十字架上的真理——二十世紀神學引論》，香港：三聯書店一九九〇初版，一九九一二版，一九九三三版，一九九五四版；臺北：時代風雲出版社一九九一初版。

編著：

《中國文化的特質》，北京：三聯書店一九九〇。

一九九一

編著：

《二十世紀西方宗教哲學文選》（三卷），上海：三聯書店一九九一，一九九二年重印。

一九九三

文集：

《這一代人的怕和愛》，香港：卓越書樓一九九三。

一九九四

專著：

《走向十字架的真》（增補版），上海：三聯書店一九九四。

編著：

《人類困境中的審美精神：德語國家美學文選》，上海：上海知識出版社一九九四。

《現代性中的審美精神：德語國家審美理論文選》（增補版），上海：學林出版社一九九七。

《愛的秩序》，香港：三聯書店一九九四。

一九九五

編著：

《道與言——華夏文化與基督文化的相遇》，上海：三聯書店一九九五。

《資本主義的未來》，香港：牛津大學出版社一九九五。

《價值的顛覆》，香港：牛津大學出版社一九九五。

一九九六

專著：

《舍勒的位格情感現象學之神學研究》（德文），Bern, Peters Lang 1996。

《現代性社會理論緒論：現代性與現代中國》，香港：牛津大學出版社一九九六。

文集：

《這一代人的怕和愛》（增補版），北京：三聯書店一九九六。

編著：

《神學美學導論》，香港：三聯書店一九九六。

《生存神學與末世論》，上海：三聯書店一九九六。

一九九七

專著：

《現代性社會理論緒論：現代性與現代中國》（增補版），上海：三聯書店一九九七。

《個體信仰與文化理論》，成都：四川人民出版社一九九七。

編著：

《杜依諾哀歌與現代基督教思想》，上海：三聯書店一九九七。

《現代人與宗教》，香港：道風書社一九九七。

一九九八

專著：

《沉重的肉身》，香港：牛津大學出版社，上海：上海人民出版社一九九八。

編著：

《中國近現代經濟倫理的變遷》（與林立偉合編），香港：中文大學出版社一九九八。

《經濟倫理與近現代中國社會》（與林立偉合編），香港：香港中文大學出版社一九九八。

《文化基督徒：現象與論爭》，香港：道風書社一九九八，。

舍勒：《死與永生》，香港：道風書社一九九八。

《海德格爾與神學》，香港：道風書社一九九八；北京：華夏出版社二〇〇一。

《舍勒文集》，上海：三聯書店一九九八，三卷。

盧曼：《宗教教義與社會演化》，香港：道風書社一九九八。

特洛爾奇：《基督教理論與現代》，香港：道風書社一九九八。

一九九九

編著：

《基督教、儒教與現代中國革命精神》，香港：道風書社一九九九。

《現代語境中的三一論》，香港：道風書社一九九九。

二〇〇〇

專著：

《漢語神學與歷史哲學》，香港：道風書社二〇〇〇。

二〇〇一

專著：

《拯救與逍遙》（修訂版），上海：三聯書店二〇〇一。

《儒家革命精神源流考》，上海：三聯書店二〇〇一。

編著：

《靈知主義及其現代性謀殺》，香港：道風書社二〇〇一。

《金錢、性與現代生活風格》，上海：學林出版社，臺北：桂冠圖書公司二〇〇一。

《現代國家與大公主義政治思想》，香港：道風書社二〇〇一。

二〇〇二

編著：

海德格爾：《海德格爾與有限性思想》，北京：華夏出版社二〇〇二。

《馴服慾望：斯特勞斯筆下的色諾芬撰述》，北京：華夏出版社二〇〇二。

二〇〇三

譯疏：

《柏拉圖的〈會飲〉》，北京：華夏出版社二〇〇三。

編著：

《牆上的書寫：尼采與基督教》，北京：華夏出版社二〇〇三。

二〇〇四

編著：

《第一亞當與第二亞當》，北京：華夏出版社二〇〇四。

《基督教理論與現代》，北京：華夏出版社二〇〇四。

二〇〇五

專著：

《凱若斯：古希臘語文教程》，上冊，上海：華東師範大學出版社二〇〇五。

《現代人及其敵人：憲法學家施米特引論》，北京：華夏出版社二〇〇五。

編著：

《杜依諾哀歌中的天使》，上海：華東師範大學出版社二〇〇五。

《靈知主義與現代性》，上海：華東師範大學出版社二〇〇五。

《社會理論的開端和終結》（與蘇國勳合編），上海：華東師範大學出版社二〇〇五。

《社會理論的諸理論》（與蘇國勳合編），上海：華東師範大學出版社二〇〇五。

《社會理論的知識學建構》（與蘇國勳合編），上海：華東師範大學出版社二〇〇五。

《社會理論的政治分化》（與蘇國勳合編），上海：華東師範大學出版社二〇〇五。

二〇〇六

編著：

《古人的智慧》（培根著），北京：華夏出版社二〇〇六。

《色諾芬的會飲》（色諾芬等著），北京：華夏出版社二〇〇六。

《王制要義》，北京：華夏出版社二〇〇六。

《德語美學文選》，上下，上海：華東師範大學出版社二〇〇六。

二〇〇七

文集和專著：

《這一代人的怕和愛》（增訂版），北京：華夏出版社二〇〇七（三版）。

《揀盡寒枝》，北京：華夏出版社二〇〇七（二版）。

《儒教與民族國家》，北京：華夏出版社二〇〇七。

《詩化哲學》（重訂本），上海：華東師範大學出版社二〇〇七。
《拯救與逍遙》（修訂二版），上海：華東師範大學出版社二〇〇七。

編著：

《海德格爾與有限性思想》（重訂本），北京：華夏出版社二〇〇七。
《海德格爾式的神學》，北京：華夏出版社二〇〇七。
《大革命與詩化小説》，北京：華夏出版社二〇〇七。
《革命中的夜頌》，北京：華夏出版社二〇〇七。
《施米特與政治的現代性》，上海：華東師範大學出版社二〇〇七。

二〇〇八

專著：

《聖靈降臨的敍事》（增訂版），北京：華夏出版社二〇〇八。
《走向十字架上的真》，上海：華東師範大學出版社二〇〇八。

編著：

《施米特與政治法學》（重訂本），上海：華東師範大學出版社二〇〇八。
《蘇格拉底問題與現代性》，北京：華夏出版社二〇〇八。
《論人類的教育》，北京：華夏出版社二〇〇八。
《古典詩文繹讀：西學卷古代編》（上下）北京：華夏出版社二〇〇八。